Das Schicksal Belgiens beim Friedensschluß

Das Schicksal Belgiens beim Friedensschluß

Von

Ernst Zitelmann

Dritte, erweiterte Auflage

München und Leipzig
Verlag von Duncker & Humblot
1917

By

Alle Rechte vorbehalten.

Altenburg
Pierersche Hofbuchdruckerei
Stephan Geibel & Co.

Vorwort.

Die erste Auflage dieser Denkschrift ist im Herbst 1915 als Handschrift gedruckt und vertraulich versandt worden, die zweite neu bearbeitete Auflage ebenso im Herbst 1916. Bei der Neubearbeitung wurde der frühere Standpunkt in allem Wesentlichen festgehalten. Die formulierten Vorschläge blieben bis auf einige Ergänzungen und Verbesserungen auch ihrem Wortlaut nach unverändert. Geändert wurde nur die Begründung: sie wurde anders geordnet, vertieft, erweitert, auch kamen eine Reihe von Einzelausführungen hinzu. Nachdem inzwischen die Erlaubnis erteilt worden ist, die Arbeit in den Buchhandel zu bringen, übergebe ich sie der Öffentlichkeit. In dieser dritten Auflage sind nur die Anfangserörterungen umgestaltet und einige Zusätze und kleinere Änderungen in der Darstellung gemacht worden.

Bonn, 11. Februar 1917.
Coblenzer Str. 89.

E. Zitelmann.

Inhalt.

Erster Teil.
Kriegsziele überhaupt.

		Seite
I.	Fragestellung	9
	1. Die Notwendigkeit der Erörterung der Kriegsziele	9
	2. Die verschiedenen Fragen und ihr Verhältnis zueinander	12
II.	Der Standpunkt für die Antwort	15
	1. Nützlichkeit für Deutschland	16
	2. Ethische Rücksichten	16
III.	Die Ziele	18
	1. Sicherung	18
	2. Schadloshaltung	18
	3. Sonstige Ziele	19

Zweiter Teil.
Das Kriegsziel der Sicherung.
Erster Abschnitt. Die Wege zum Ziel.

1. Wiederherstellung der Unabhängigkeit 20
2. Einverleibung und Eingliederung 21
3. Der Vorschlag 28
4. Art seiner Verwirklichung 29

Zweiter Abschnitt. Das erste Mittel zur Sicherung: die Beschränkung der Unabhängigkeit Belgiens.

I.	Leitsätze	30
II.	Militärische Sicherung	31
	1. Allgemeines	31
	2. Regelung für jetzt	33
	a) Der Vorschlag selbst	33
	b) Finanzieller Ausgleich	36
	3. Regelung für später	39
	4. Eisenbahnen und Kanäle	41
	5. Belagerungszustand	43
III.	Politische Sicherung	44
	1. Auswärtige politische Angelegenheiten	44
	2. Sonstige völkerrechtliche Verträge	47
	3. Gesandtschaftsrecht	48
	4. Kostenteilung	49

	Seite
IV. Wirtschaftliche Sicherung	49
1. Handelsvertrag oder Zollverein	50
2. Einfuhr- und Ausfuhrverbote	51
3. Gleichstellung der Deutschen	52
4. Eisenbahntarife	52
5. Anleihen	53
6. Der Hafen von Antwerpen	53
V. Keine weiteren Beschränkungen	53
1. Weitere Beschränkungen sind nicht erforderlich	53
2. weder im Interesse Belgiens	54
3. noch im Interesse beider Länder	55
4. noch im Interesse Deutschlands	55
VI. Staatsform und Königsgewalt	59
1. Die beiden möglichen Lösungen	59
2. Die Entscheidung für Thronbelassung	60
3. Verhältnisse bei Thronentsetzung	63
4. Verfassungsänderungen	65
VII. Zusätzliches über Rechtsschutz	65
1. Strafrechtliches	66
2. Rechtshilfe in Strafsachen	67
3. Schiedsgericht	67
VIII. Entwurf des Bündnisvertrages	69

Dritter Abschnitt. Das zweite Mittel zur Sicherung: die Trennung der Flamen und Wallonen.

I. Der Grundgedanke	77
1. Flamen und Wallonen	77
2. Staatliche Trennung	78
3. Verwaltungstrennung	80
4. Abzulehnende Pläne	80
II. Die Durchführung der Trennung	82
III. Staatsform und Königsgewalt	86

Dritter Teil.

Das Kriegsziel der Schadloshaltung.

I. Einzelne Ersatzleistungen	89
II. Kriegsentschädigung im engeren Sinne	90
1. Rechtfertigung	90
2. Maß	90
3. Art der Haftung	92
4. Form der Leistung	92
III. Das Kongogebiet	93

Erster Teil.
Kriegsziele überhaupt.

I. Fragestellung.

1. Ist es noch zu früh, eingehendere Pläne für die Gestaltung des künftigen Friedens zu entwerfen? Was der Friede uns bringen wird, das hängt ja doch von den tatsächlichen Machtverhältnissen ab, die zur Zeit der Friedensverhandlungen bestehen werden, vor allem und in erster Linie von der militärischen Lage: nur wenn der Waffenerfolg uns treu bleibt, und in dem Maß, in dem er uns treu bleibt, können wir hoffen, einen uns befriedigenden Frieden zu erringen; ein Friede ohne Sieg würde das Scheitern aller unserer Hoffnungen bedeuten. Zu den tatsächlichen Machtverhältnissen wird ferner gehören die politische Haltung der Neutralen zu uns und zu den Gegnern, sodann das Maß der militärischen und wirtschaftlichen Kräfte, die uns und die den Gegnern dann noch zu Gebote stehen werden, endlich der innerpolitische Zustand der verschiedenen Staaten: alles dies wird mitentscheidend dafür sein, ob sich der Friede inhaltlich mehr oder weniger günstig für uns gestalten wird. Nun hat der, wie wir hoffen, letzte Akt des großen Trauerspiels, das wir den Weltkrieg nennen, soeben erst begonnen: wie lange er währen wird, kann niemand ahnen. Noch steht das Ende verhüllt vor uns da: wir hoffen und vertrauen, aber wir wissen nicht. Und darum, so hört man öfter sagen, sei es verfrüht, jetzt schon Pläne über den Inhalt des künftigen Friedens zu machen; man solle doch nicht, wie es in der Fabel heiße, das Fell des Bären verteilen, bevor er erlegt sei.

Indes hier waltet wohl ein Mißverständnis ob. Jene Gründe beweisen nur eins: niemand kann sich vermessen, heute schon vorauszusagen, wie der Friede dereinst wirklich aussehen wird. Aber sie beweisen nicht, daß man nicht heute schon feststellen kann, welche Gestaltung der Verhältnisse durch den Frieden die für uns günstigste sein würde. Und sich hierüber bereits jetzt zu besinnen, ist nützlich, nein mehr, es ist unerläßlich; denn aus solcher Erkenntnis erwächst zugleich das Ziel des Handelns. Die günstigste Gestalt des Friedens ist auch das Ziel, dem wir durch den Krieg und die ihn abschließenden Friedensverhandlungen zustreben müssen; sie ist unser Kriegsziel.

Das Wort Kriegsziel ist heute in jedermanns Munde. Aber es ist mehrdeutig, und darum empfiehlt es sich, einige Bemerkungen über den Begriff des Kriegszieles vorauszuschicken. Solange der Krieg währt, hat jeder kriegführende Staat nur ein einziges nächstes Kriegsziel, das ist das, den oder die Gegner auf die Knie zu zwingen. Aber der Krieg wird doch nicht des Krieges, sondern des Friedens halber geführt, und so sind Kriegsziele die Ziele, zu deren Erreichung der Krieg geführt wird, deren Erreichung also den Frieden als einen den kriegführenden Staat befriedigenden Frieden erscheinen lassen würde. Im engeren Sinne des Worts ist Kriegsziel nur ein Ziel, dessentwegen der Krieg begonnen worden ist. Ein solches Ziel hat Deutschland in diesem Kriege nicht, denn es hat den Weltkrieg nicht herbeigeführt, hat ihn also auch, sachlich genommen, nicht begonnen; es hatte daher anfänglich überhaupt kein selbständiges Kriegsziel, es wollte nur dem Angriff begegnen und sich retten. Im Verlauf des Krieges sind aber über die bloße Verteidigung hinaus Kriegsziele erwachsen: da der Krieg nun einmal da ist, soll er auch dazu dienen, bestimmte Ziele zu erreichen, obwohl Deutschland ihn dieser Ziele halber nicht begonnen haben würde. Von unseren Kriegszielen in diesem Sinne ist hier zu sprechen. Und zwar pflegt man allgemein unter Kriegszielen nicht bloß die letzten Ziele zu verstehen, die erreicht werden sollen, sondern auch diejenigen Erfolge, die wir anstreben, weil sie zu jenen letzten Zielen hinführen. Da wir sie anstreben, sind sie ja auch bereits Ziele, nähere Ziele für uns. Wenn nun auch jene letzten Ziele unverrückt immer die gleichen bleiben, so sind diese näheren Ziele, die wir erreichen müssen, um zu den Endzielen zu gelangen, doch in gewissem Maße wandelbar, denn sie hängen im einzelnen von den Kriegsverhältnissen selbst ab: mit der Zahl unserer Feinde, mit der Dauer des Krieges, mit dem Wachsen der eignen Verluste, mit der zunehmenden Verhetzung der Völker und damit der Wahrscheinlichkeit, daß sie sich auch nach dem Kriege gegen uns betätigen werden, ändert sich auch, was wir von der Zukunft fordern müssen. Was uns einst als Kriegserfolg hätte befriedigen können, das kann es heute nicht mehr. Aber dies ist doch nicht eine Wandlung des Wesens dieser Ziele, sondern nur ihres Maßes, ihres Mehr oder Minder. Darum hindert es nicht, daß wir uns schon jetzt Klarheit über diese Ziele zu schaffen suchen.

Diese Klarheit ist, wie gesagt, deshalb nötig, weil die Erkenntnis der Ziele unser Handeln bestimmen muß. Das trifft schon während des Krieges selbst zu. Für das militärische Handeln sind zwar in erster Linie militärische Rücksichten entscheidend, eben die Erwägung, wie man den Gegner am besten niederzwingen kann. Aber auch der Inhalt der Kriegsziele, die durch den Krieg verfolgt werden, kann für die Richtung der militärischen Maßnahmen bestimmend sein. Wenn zum Beispiel ein Staat durch den Krieg einen bestimmten Gebietsteil des gegnerischen Staats sich angliedern will, so wird ihn das leicht veranlassen, den Krieg so zu führen, daß er dieses Gebiet möglichst erobert; ein Staat ferner, in dessen Gebiet der Feind eingedrungen ist und der dieses Gebiet dereinst nicht preisgeben will, wird versuchen, militärisch so zu handeln, daß er gerade dieses Gebiet wieder besetzen kann. Der Staat wird eben danach streben, für den Zeitpunkt der Friedensverhandlungen in der günstigen Lage des Besitzers zu sein. Beispiele liegen nahe genug. Wichtiger noch ist, daß von den verfolgten politischen Zielen abhängt, wann der Staat bereit ist, die Hand zum Frieden zu bieten: sobald er Aussicht hat, sein Kriegsziel durch den Friedensschluß zu erreichen, wird er den Krieg endigen können.

Umgekehrt: er wird nur kämpfen, solange er noch hofft, durch den Kampf an sein Ziel zu gelangen.

Vor allem aber ist die klare Erkenntnis der Kriegsziele für die Friedensverhandlungen wichtig. Gerade ihretwegen ist es unbedingt nötig, daß schon heute die Fragen der Gestaltung des Friedens, wie wir ihn uns wünschen müssen, bis in die Tiefen ihrer letzten Grundlagen und in der ganzen Weite ihres Umfanges erörtert werden, auch auf die Gefahr hin, daß die tatsächlichen Verhältnisse sich nicht so günstig entwickeln, wie wir hoffen, und daß darum das Ziel nicht voll erreichbar ist. Auch dann würde die Mühe nicht umsonst aufgewendet sein, denn wir wissen dann wenigstens, was wir von unseren Forderungen am ehesten aufgeben könnten. Wenn einst der Beginn der Friedensverhandlungen kommt — und vielleicht kommt er ganz unerwartet, über Nacht —, so muß Deutschland schon genau wissen, was es erreichen will. Dann erst mit der Überlegung zu beginnen, dazu würde es zu spät sein: wissen wir dann noch nicht, was wir wollen, so werden wir es überhaupt nicht wissen. Und es genügt nicht, daß nur die leitenden Männer des Reichs bis dahin ihr Urteil gebildet haben: wir alle müssen es. Es gibt keine wichtigere Frage für uns, handelt es sich doch um die gesamte Zukunft Deutschlands. Hier dürfen wir aber nicht schlechthin über unsern Kopf hin entscheiden lassen. Wir sind kein unmündiges Volk mehr, das einfach über sich bestimmen lassen müßte. Die geistig reifen Kreise Deutschlands haben ein Anrecht darauf, bei dieser wichtigsten Frage gehört zu werden. Wir dürfen auch annehmen, daß es den leitenden Männern selbst nur erwünscht ist, wenn sie bei der verantwortungsvollen Entscheidung, die sie dereinst werden treffen müssen, — es ist die verantwortungsvollste der gesamten deutschen Geschichte — bereits eine feste, auf sorgfältiger Überlegung aufgebaute Überzeugung der politisch denkenden Kreise Deutschlands vorfinden.

2. Solcher Probleme für den Friedensschluß, solcher »Kriegsziele« gibt es sehr viele. Gegenüber jedem der mit uns Krieg führenden Staaten muß ja der Krieg auf diese oder jene Weise zu Ende kommen, und nicht nur für uns, sondern auch für unsere

Bundesgenossen. Bei manchen dieser Probleme werden die mit uns verbündeten Staaten die Vorhand haben, insbesondere trifft das auf das Verhältnis zu Serbien und Montenegro zu; aber auch für Deutschland bleiben noch Fragen genug, an deren Beantwortung es selbst auf das stärkste beteiligt ist; man braucht nur die Namen von ein paar Kriegsgebieten zu nennen, über deren Schicksal Bestimmung getroffen werden muß: Kurland, Litauen, Belgien, Briey-Becken, Südelsaß, französische Maaslinie, unsere Kolonien. Jedes einzelne dieser Probleme bedarf seiner Lösung.

Nun steht aber keines von ihnen für sich. Einmal führen wir den Krieg mit unseren Bundesgenossen zusammen, und so wird auch der Friedensschluß dereinst ein Vertrag sein, bei dem wir »zur gesamten Hand« handeln. Und umgekehrt: auch unsere Gegner werden beim Friedensschluß einer vom anderen nicht zu trennen sein. Mag auch vielleicht — das bleibt trotz der unter unseren Feinden getroffenen Verabredung, von der sich übrigens Belgien ausgeschlossen hat, möglich — der Krieg mit dem einen Staat früher beendet werden als mit dem anderen, so werden doch die künftigen Verhandlungen sachlich alle im Zusammenhang miteinander stehen. Insbesondere trifft das auch auf Belgien zu. Der Waffenerfolg gegen Belgien ist zwar bereits da, wir haben es so gut wie ganz in der Faust, und wenn wir mit Belgien allein zu tun hätten, dann würden wir heute schon den Frieden diktieren können, der alle unsere Kriegsziele hinsichtlich Belgiens vollkommen verwirklichte. Aber auch der Friede mit Belgien oder über Belgien wird doch nur ein Teil des gesamten Friedensschlusses mit unseren Gegnern sein. Denn vor allen ist England an dem zukünftigen Schicksal Belgiens auf das stärkste interessiert. Einmal hat es den Krieg, wenn auch nicht in Wahrheit, so doch seinem Vorgeben nach Belgiens halber, wegen der Verletzung der belgischen Neutralität begonnen; nach seiner Erklärung hat es das Schwert gezogen, um Belgien zu schützen, und so muß es schon seiner eignen Ehre halber versuchen, auch bei den Friedensverhandlungen für die Wiederherstellung der belgischen Unabhängigkeit einzutreten. Aber auch sachlich sind seine eignen Interessen mit denen Belgiens eng verflochten. Zwar hat Belgien jetzt nicht mehr die Wichtigkeit für England, die es einst hatte, denn England hat Calais genommen und wird es schwerlich wieder loslassen; aber immerhin ist Belgien auch heute noch für Englands künftige Machtstellung gegenüber Deutschland und den Festlandsmächten überhaupt so bedeutungsvoll, daß man für die Friedensverhandlungen Belgien geradezu wie eine englische Provinz betrachten kann. Daraus folgt für uns zweierlei. Einmal: wir müssen zeitlich den jetzigen Zustand der Militärdiktatur in Belgien auf Belgiens Kosten jedenfalls fortbestehen lassen, bis auch der Friede mit England geschlossen ist; vorher dürfen wir keine endgiltige Entscheidung über Belgien treffen. Wir können warten; wenn England den Friedensschluß mit Deutschland hinauszögert, so ist es selbst schuld daran, daß die gegenwärtige für die Belgier sehr ungünstige Lage in Belgien fortdauert. Und zweitens: auch sachlich wird die künftige Gestaltung des Schicksals Belgiens in gewissem Maße davon abhängig sein, wie wir mit England zurecht kommen. Sollte unser Sieg über England so vollständig sein, daß wir die Bedingungen des Friedens einfach ohne Widerrede bestimmen können, so brauchen wir auch bei der Gestaltung des belgischen Schicksals keine Rücksicht auf England zu nehmen. Andernfalls aber würde die Gestaltung des Schicksals Belgiens sozusagen einen Handelsgegenstand bei den Friedensverhandlungen mit England bilden: für alles, was wir an Milderung für Belgien zugeben, können wir Gegenleistungen von England fordern, und umgekehrt, für alles, was wir von England nicht bekommen, dafür können wir uns an Belgien halten — ist Belgien doch kurzsichtig genug gewesen, in diesem Kriege sein Schicksal mit dem Englands zu vereinigen. Wenn die folgenden Erörterungen das Für und Wider der Vorschläge in betreff Belgiens trotzdem für sich allein behandeln, so ist das nach alledem eine künstliche Absonderung der Frage: jene Abhängigkeit des belgischen Problems von den sonstigen Friedensfragen ist überall, auch wo sie nicht betont wird, mitzudenken; nur mit dieser Maßgabe ist das Folgende zu verstehen.

So eng hiernach der Zusammenhang zwischen allen diesen Fragen ist, so sehr muß man sich doch von vornherein bewußt bleiben, daß die Beantwortung für jede aus ihren eignen Bedingungen heraus entwickelt werden muß. Was für das eine Problem gilt, braucht durchaus nicht für das andere zu gelten. Überall ist Einzelbehandlung notwendig; insbesondere braucht das, was im folgenden für Belgien gesagt werden wird, durchaus nicht auf andere Kriegsgebiete zuzutreffen. Auch nach meiner Überzeugung ist die belgische Frage anders zu lösen als insbesondere die von Polen, Kurland, Litauen, dem Briey-Becken und den von uns in Besitz genommenen Gebieten Nordfrankreichs. Was hier geschehen soll, ist durchaus eine Sache für sich. In der Politik ist am wenigsten eine schematische Behandlung der einzelnen Fragen angängig.

Die schwierigsten von allen diesen Fragen sind die belgische und die polnische. Das Schicksal hat es hart mit Deutschland gemeint, daß es ihm die Notwendigkeit auferlegt hat, dieses östliche und jenes westliche Problem zu lösen. Für Polen ist ja nun vorläufig eine Lösung gefunden — es soll hier kein Urteil über sie abgegeben werden. Das belgische Problem ist noch völlig offen. Für beide gilt insofern das gleiche, als eine völlig gute Lösung leider überhaupt nicht zu finden ist. Aber Politik ist die Kunst des Möglichen. Ist eine wirklich gute, nach allen Seiten befriedigende Lösung nicht möglich, so muß man versuchen, die verhältnismäßig beste zu finden; dessen muß man von vornherein eingedenk sein. Nur in diesem Sinne ist auch die vorliegende Arbeit gemeint.

II. Der Standpunkt für die Antwort.

Von jedem, der in diesen verantwortungsvollen Fragen Vorschläge machen will, muß ein Doppeltes verlangt werden. Einmal muß er einen festen Standpunkt einnehmen, von dem er bei seinen Vorschlägen ausgeht, sonst bleibt alles ein haltloses Gerede: jedem beliebigen Einfall kann ein anderer gegenübergestellt werden; sodann darf man verlangen, daß jeder Vorschlag, wenn er Anspruch auf Beachtung erheben will, bis ins einzelne hinein auf seine Durchführbarkeit geprüft sei; es ist wirklich sehr leicht allgemeine Gedanken aufzustellen, das oder das sollte man tun, so oder so sollte man vorgehen — an allgemeinen Gedanken, wie man es machen sollte, pflegt auch kein Mangel zu sein, ja, man darf wohl sagen, jeder mögliche allgemeine Gedanke ist schon ausgesprochen worden, da läßt sich nichts Neues mehr bringen; aber erst die Durchbildung ins einzelne hinein zeigt, ob ein solcher Gedanke verwertbar ist.

Der Standpunkt, von dem aus die folgenden Vorschläge gemacht werden, wird durch zwei Sätze bestimmt. Der eine ist der: für die Gestaltung des Schicksals Belgiens dürfen ausschließlich Erwägungen über das, was Deutschlands Interesse erfordert, maßgebend sein; keinerlei Empfindsamkeit, keinerlei Mitleid oder Rücksichtnahme darf hindern, das für Deutschland Nützliche zu tun. Damit ist das Ziel, damit sind die Mittel bestimmt. Bei der Erwägung, was nützlich ist, müssen wir die harten Erfahrungen des Krieges verwerten. Insbesondere ist auf eines hinzuweisen. Die Stimmung fremder Völker für oder gegen uns kann, wie die Erfahrung gelehrt hat, auch politisch vorteilhaft oder schädlich für uns sein, und das verlangt Berücksichtigung, aber der Gedanke, als könnten wir durch Milde, Schonung, Nachgiebigkeit bleibende Sympathien erwerben, ist jedenfalls vollkommen fallen zu lassen, den feindlichen wie den neutralen Staaten gegenüber. Die Liebenswürdigkeit in der Politik hat uns nirgends genützt, sie hat nur geschadet, indem sie den Glauben an die Härte unseres Willens zur Macht, an unsere innere Bereitschaft, wenn nötig zu den Waffen zu greifen, abschwächte: diese Zeit des Werbens um fremde Zuneigung muß endgiltig vorbei sein. Wer Macht hat, hat auch Freunde.

So selbstverständlich aber, wie es ist, daß Deutschlands Interessen allein maßgebend sind, ebenso selbstverständlich ist es auch, daß die Schranken innegehalten werden müssen, die durch unser ethisches Gewissen gezogen werden; auch dies bezieht sich wieder auf die letzten Ziele wie auf die Mittel, die man gebrauchen will, um zu ihnen zu gelangen. Jeder Vorschlag, der gemacht wird, ist also nicht bloß auf seine Nützlichkeit für

Deutschland, sondern auch auf seine ethische Rechtfertigung hin zu prüfen; dabei müssen natürlich immer alle Einzelumstände gewertet werden: beispielsweise sind einem Volk niederer Kultur gegenüber andere Maßregeln gerechtfertigt, als gegenüber einem gleichstehenden Kulturvolk.

Daß es solche ethischen Schranken gibt, mögen die ethischen Anforderungen im Leben der Staaten auch nicht die gleichen sein wie im Privatleben des einzelnen, das bedarf im Volke Kants wohl keines Beweises. Zweifler braucht man nur darauf hinzuweisen, daß es keinem Staat heute einfallen würde, die Bevölkerung eines eroberten Gebiets einfach auszurotten, obwohl es ihm vielleicht sehr nützlich scheinen könnte, auf diese Weise freies Siedlungsland für seine überschüssige Bevölkerung zu gewinnen. Ethische Erwägungen sind es, die ihn davon zurückhalten. Auch außerhalb dieses groben Beispiels greifen solche Erwägungen überall ein. Niemals darf man eine Maßregel dadurch rechtfertigen, daß man sich darauf beruft, die Engländer, die Russen hätten es nicht anders gemacht oder sie würden es ebenso machen. Wir »Barbaren« wollen eben das Volk hoher Gesittung bleiben, das wir bisher waren; wir wollen mit reinem Gewissen in unsere größere Zukunft hineingehen.

Es liegt ein besonderer Grund vor, die Notwendigkeit einer auch ethischen Prüfung zu betonen. Wer beobachten kann, weiß, daß die in Deutschland bestehenden großen Meinungsverschiedenheiten über die »Kriegsziele« zum wesentlichen Teil bewußt oder unbewußt gerade auf auseinandergehenden ethischen Anschauungen beruhen. Unzweifelhaft ist es aber im höchsten Maß wünschenswert, daß die deutschen Parteien, wie sie im Krieg einig waren, es auch bei den Friedensverhandlungen bleiben, daß ein unser inneres staatliches Leben schwer schädigender Streit vermieden werde. Übrigens stimmen, wie sich bei näherem Zusehen zeigt, die Forderungen einer weitschauend aufgefaßten Nützlichkeit und die der Ethik glücklicherweise völlig überein. Schon allgemein läßt sich sagen, daß der siegreiche Staat die ethischen Schranken nicht ohne Einbuße an innerer und schließlich auch an äußerer Kraft überschreiten kann; wiederum haben gerade die Erfahrungen dieses Krieges gezeigt, wie sehr die lügenhafte Behauptung, Deutschland habe schon bisher diese Schranken mißachtet, uns geschadet hat. Auch im einzelnen erweist sich, daß solche Maßregeln, die vom Standpunkte der Ethik aus nicht zu rechtfertigen sind, vom reinen Nützlichkeitsstandpunkte aus ebenso abgelehnt werden müssen.

III. Die Ziele.

Zwei letzte Ziele gibt es, über die eine Einigung möglich erscheint.

1. Das eine Ziel ist Sicherung: Deutschland muß das erreichen, war zur Sicherung seiner Selbsterhaltung erforderlich ist. Das ist freilich ein dehnbarer Begriff. Denn je stärker Deutschland ist, desto verteidigungsfähiger ist es auch, und je mehr seine Gegner geschwächt werden, desto weniger sind sie angriffsfähig. Auf diese Weise ließe sich also jede Maßregel rechtfertigen. Die Forderung der Selbsterhaltung bedeutet vielmehr enger: Deutschland muß nach dem Frieden so stark und die Gegner müssen so empfindlich geschwächt sein, daß nach menschlichem Ermessen für die Zeit, für die die Politik überhaupt vorausorgen kann, ein neuer Angriff gegen Deutschland ausgeschlossen ist. Auch vom allerstrengsten Standpunkte der Ethik aus ist das gerechtfertigt. Für seine Selbsterhaltung zu sorgen ist nicht nur das Recht, ist sogar die Pflicht jedes Staats. Soweit kann kein Zweifel sein, wir dürfen hoffen, daß alle Parteien in Deutschland wenigstens soweit einig sein werden.

2. Das andere Ziel ist Schadloshaltung: die Schäden, die Deutschland durch den Krieg erlitten hat, müssen ihm von seinen Gegnern wettgemacht werden, es darf nach dem Kriege nicht ungünstiger dastehen, als es vor dem Kriege dastand. Die Verluste, die Deutschland in diesem Kriege erlitten hat, sind Verluste an Gut und Blut. Die Blutopfer, die es gebracht hat, der Verlust an deutschem Leben, ist ihm nicht wieder ersetzbar, so wenig wie all das Leid, das über Deutschland gebracht ist, wieder ausgelöscht werden kann. Desto mehr müssen wir darauf bedacht sein, die Verluste an Gut, an wirtschaftlichen Werten wieder einzubringen. Auch dieses Kriegsziel ist vom allerstrengsten Standpunkt der Ethik aus gerechtfertigt. Der Krieg ist uns aufgezwungen worden, unsere Feinde, die eine Einheit zusammen bilden, haben diese Verluste verursacht, darum müssen sie sie auch wieder gut machen. Auch über dieses Ziel ist eine Einigung wohl möglich.

3. Sicherlich kann es Gründe geben, die es rechtfertigen, wenn ein Staat durch einen Krieg noch andere Ziele als bloß die der Sicherung und Schadloshaltung verfolgt, insbesondere Gründe, die in geschichtlichen, völkischen, kirchlichen oder sonstigen kulturellen Tatsachen liegen. Aber gerade Belgien gegenüber fehlen solche Gründe, wenn man von der später noch zu besprechenden flämischen Frage absieht, ganz. Jedenfalls würde in dieser Beziehung eine Einigung des Parteienstreits in Deutschland nicht zu erreichen sein. Die folgenden Vorschläge gehen deshalb von dem Standpunkt aus, daß unser Kriegsziel Belgien gegenüber außer dem der Schadloshaltung lediglich jene Sicherung ist, und daß darüber nicht hinausgegriffen werden darf.

Indem ich mich nun dazu wende darzulegen, wie diese Ziele am besten zu erreichen sind, welche Gestaltung des Schicksals Belgiens also die für Deutschland günstigste sein würde, und diesen Vorschlag ins einzelne hinein auszubauen, bin ich mir durchaus bewußt, wie viele Zweifel in den Einzelheiten übrigbleiben. Die Aufgabe ist so groß, so weit umspannend, daß ihre Bewältigung der planmäßigen Zusammenarbeit vieler bedarf, deren jeder auf seinem Gebiet Sachverständiger ist; was ein einzelner leistet, bleibt notwendig sehr unvollkommen. Soll indes das Bild, das gezeichnet wird, lebensvoll wirken, so muß auch für die Einzelfragen trotz aller Bedenken jedesmal eine möglichst bestimmte Entscheidung gegeben werden. Die Bedenken über Einzelheiten sind auch schließlich von untergeordneter Bedeutung, wenn man sich einmal über die Hauptlinien geeinigt hat. Nur in diesem Sinne möchte der folgende Versuch aufgefaßt sein.

Zweiter Teil.
Das Kriegsziel der Sicherung

Erster Abschnitt.
Die Wege zum Ziel.

Zwei Hauptansichten über die zukünftige Gestaltung des Schicksals Belgiens stehen sich gegenüber. Nach der einen soll Belgien möglichst völlig so wiederhergestellt werden, wie es vor dem Kriege war, nach der anderen soll es vollständig mit Deutschland vereinigt werden.

1. Die erste Ansicht ist gänzlich abzuweisen. Ausgangspunkt für alles folgende ist der Satz: Belgien darf in seiner früheren Unabhängigkeit, so wie es sie vor dem Kriege hatte, unter keinen Umständen wiederhergestellt werden. Daß die Wiederherstellung eine ethische Pflicht Deutschlands sei, wie unsere Kriegsgegner behaupten, ist zu leugnen: Belgien hat durch seine neutralitätswidrigen Machenschaften vor dem Kriege, durch die Ablehnung des deutschen Vorschlags, der ihm gegen Gewährung freien Durchzugs völlige Unversehrtheit und Entschädigung anbot, und durch sein gehässiges späteres Verhalten jeden Anspruch darauf, anders als andere kriegführende Staaten behandelt zu werden, verwirkt. Umgekehrt ist es eine Forderung der Selbsterhaltung für Deutschland, daß Belgien in seiner früheren vollen Unabhängigkeit nicht wiederhergestellt werde. Ein unabhängiges Belgien würde eine ständige Lebensbedrohung für Deutschland darstellen. Nach den Ereignissen dieses Krieges wäre weniger als je zu erwarten, daß ein unabhängiges Belgien in einem neuen Streit mit England oder Frankreich auf unsere Seite treten oder auch nur seine Neutralität wahren würde. Vielmehr würde es wahrscheinlich schon im Frieden den uns feindlichen Mächten jeden Vorschub leisten. Unsere Lage

bei Ausbruch eines neuen Krieges würde dadurch äußerst gefährdet sein: das belgische Land würde für Frankreich und England das beste Aufmarschgebiet gegen Deutschland bilden, der Einfall in das deutsche Gebiet würde von dort aus bequem erfolgen können. Und man braucht nur zu bedenken, daß einem solchen Einfall gegenüber unser wichtigster Industriebezirk nicht genügend geschützt ist. Insbesondere ist bei der Entwicklung, die das Flugwesen während des gegenwärtigen Krieges genommen hat und weiter nehmen wird, mit Sicherheit zu erwarten, daß sofort nach dem Kriegsausbruch größere feindliche Fluggeschwader versuchen würden, namentlich die Kölner Rheinbrücke und die Werkstätten in Essen zu zerstören: je kürzer der Weg von der Grenze bis zu dem Wirkungsort ist, desto größer ist die Aussicht auf Gelingen; von der belgischen Grenze bis Köln und Essen ist aber nur ein so kleiner Weg, daß die Gefahr für uns ungeheuer groß sein würde. Im Interesse unserer Selbsterhaltung muß also die Rechtslage Belgiens zugunsten Deutschlands umgestaltet werden, und zwar so, daß wir gegen jene Gefahr gesichert sind.

Die volle Wiederherstellung Belgiens würde auch dem Empfinden weitester Volkskreise in Deutschland widersprechen. Die überwiegende Masse des deutschen Volkes in allen seinen Bildungs- und Berufsschichten würde die Empfindung haben, daß die schweren Blutopfer, die die Besetzung Belgiens gekostet hat, umsonst gebracht seien; eine weitgehende Enttäuschung, ja Verbitterung würde die Folge sein. Darauf aber muß Rücksicht genommen werden.

2. Die andere Meinung, — und sie ist wohl die meist verbreitete — empfiehlt die vollständige Aneignung Belgiens durch das Deutsche Reich, seine Aufnahme in das Deutsche Reich derart, daß es ein Teil Deutschlands wird. Diese Maßregel besticht auf den ersten Blick durch ihre Einfachheit, und weil sie für die flüchtige Betrachtung das vollständigste und sicherste Mittel zu sein scheint, um das Ziel der Sicherung Deutschlands zu erreichen. Die Aneignung Belgiens läßt sich in zwei Formen denken: als Einverleibung und als Eingliederung. Unter Ein-

verleibung wird hier verstanden, daß Belgien sein Dasein als Staat verliert und ein unselbständiger Teil Deutschlands wird, mag es nun Teil eines deutschen Bundesstaates werden (so wie Schleswig-Holstein dem preußischen Staat einverleibt worden ist), oder mag es in irgendeiner neuen rechtlichen Form unmittelbarer Teil des Deutschen Reiches, aber ohne eigene staatliche Existenz, etwa in der Art eines Schutzgebiets, werden. Praktisch könnte von diesen Möglichkeiten wohl nur die Einverleibung in einen Bundesstaat in Frage kommen. Unter Eingliederung wird hier verstanden, daß Belgien zwar ein eigner Staat bleibt, aber als solcher eigner Staat bundesstaatlich in den Verband des Deutschen Reiches aufgenommen wird, sei es als monarchischer Staat oder Republik, sei es in irgendeiner Weise als Reichsland unter einem Statthalter; doch kann man, nach den bösen Erfahrungen, die mit dem Reichsland Elsaß-Lothringen gemacht worden sind, die Schaffung eines neuen Reichslandes als praktisch nicht in Betracht kommend bei Seite lassen. Tatsächlich stehen bei einer Aneignung von Belgien also nur die beiden Möglichkeiten zur Wahl: Einverleibung in einen bestehenden deutschen Bundesstaat oder Schaffung eines neuen deutschen Bundesstaats, und zwar voraussichtlich mit monarchischer Spitze.

Aber auch hiergegen drängen sich die schwersten Bedenken auf. Völlig unhaltbar freilich erscheint mir die in manchen Kreisen vorhandene Anschauung, daß die zwangsweise Aneignung fremdstaatlichen Gebiets, die sogenannte Annexion, unter allen Umständen aus sittlichen Gründen verwerflich sei und darum jedenfalls unterbleiben müsse. Das ist eine auf unvollständigen Wertungen beruhende vorgefaßte Lehrmeinung, die sich mit der Wirklichkeit des völkerrechtlichen Geschehens nirgends reimen läßt, ja, sie ist so einseitig, daß man kaum versteht, wie sie festgehalten werden kann. Gewiß ist Abreißung und Aneignung fremden Gebietes, auch wenn sie durch einen Friedensschluß mit dem unterliegenden Gegner bestätigt wird, immer eine schwere Vergewaltigung des fremden Staates und, soweit sie gegen den Willen der Bevölkerung geschieht, auch der fremden Bevölkerung, und noch mehr ist das die vollständige Aufsaugung eines fremden besiegten Staates. Daraus folgt freilich, daß die Gebietsaneignung jedesmal einer besonderen Rechtfertigung im Einzelfalle bedarf, sonst ist sie eben bares Unrecht. Aber solcher Rechtfertigungsgründe gibt es manche. Man braucht gar nicht an die erste Inbesitznahme von Kolonialgebieten zu denken, bei der ganz besondere Verhältnisse die Bejahung erleichtern. Auch wenn man nur das Verhältnis anerkannter Staaten zueinander ins Auge faßt, muß man erkennen, daß die Aneignung fremden Gebietes gerechtfertigt sein kann. Sehr verschiedene Umstände und Tatsachen fallen dabei ins Gewicht. Der Kulturbringer wird anders zu beurteilen sein als der Kulturverwüster. Aber die Frage ist zu verwickelt, als daß sie sich mit wenigen Worten abtun ließe. Es darf hier genügen, insbesondere darauf hinzuweisen, daß, wie schon oben angedeutet wurde, die Aneignung fremden Gebietes sogar als eignes Kriegsziel durch höhere politische Ideale gerechtfertigt sein kann, durch Ideale, die sich auf Zusammenhänge geschichtlicher, völkischer, kirchlicher oder sonstiger kultureller Art zwischen dem erobernden Staat und dem eroberten Gebiet oder seiner Bevölkerung gründen — man nehme nur, um die nächstliegenden Beispiele zu wählen, die deutschen Kriege von 1864, 1866 und 1870/71. Endlich kann die Aneignung auch dadurch gerechtfertigt sein, daß sie das Mittel ist, um das Kriegsziel der eignen Lebenssicherung zu erreichen. Das höhere sittliche Recht kann nach alledem sehr wohl auf der Seite des erobernden Staates liegen, ja, der Staat kann unter Umständen die Pflicht haben, von diesem höheren Recht Gebrauch zu machen. Alle diese Erwägungen werden auch für die Haltung Deutschlands bei den künftigen Friedensverhandlungen in mehr als einer Richtung Bedeutung haben.

Man muß nun aber doch eingedenk sein, daß gerade Belgien gegenüber die Aneignung nur als Mittel, um das Kriegsziel der Sicherung Deutschlands zu erreichen, in Betracht kommt, denn andere Gründe, welche eine Aneignung Belgiens rechtfertigen könnten, bestehen nicht; auf die ehemalige Zugehörigkeit Belgiens zum alten Deutschen Reich kann man sich doch nicht ernsthaft berufen, selbst bei Lüttich nicht. Und da ist es doch wohl sicher, und darüber wird wohl auch eine Übereinstimmung zwischen allen ruhig Denkenden bestehen: ein so harter Zwangseingriff, wie ihn die Aneignung darstellt, würde gerade gegenüber einem Volk von der Kulturhöhe und geschichtlichen Vergangenheit des belgischen von uns selbst nur mit Widerstreben vorgenommen und nur dann als gerechtfertigt angesehen werden können, wenn kein anderes, ebenso gutes oder gar besseres Mittel zur Sicherung übrigbleibt. Und gerade hierin wurzeln nun die Bedenken. Die Aneignung Belgiens durch Deutschland, die Einverleibung wie die Eingliederung, würde in jeder ihrer möglichen Formen die stärksten Nachteile für Deutschland im Gefolge haben. Hierüber klar zu werden, darauf kommt es vor allem anderen an; ein jeder, der leichtherzig die Aneignung Belgiens empfiehlt, ist verpflichtet, sich über alle Folgen dieses Schrittes volle Rechenschaft zu geben.

Nicht etwa spricht gegen die Aneignung die Sorge, daß wir durch eine solche Maßregel die Dauerhaftigkeit des künftigen Friedens gefährden würden. Wenn unsere Gegner überhaupt einst einen neuen Krieg gegen uns beginnen wollen, so werden sie das tun, auch wenn wir jetzt beim Siege noch so sehr Nachgiebigkeit und Schonung gegen sie üben sollten. Dazu ist Haß und Erbitterung viel zu weit gediehen und zu viele Opfer sind gebracht. Von Versöhnung dürfen wir nicht mehr träumen; das Beispiel von 1866 paßt in keiner Weise. Die beste, ja die einzige Gewähr gegen neue Kriege ist die Machtstellung, die wir durch den Krieg und den Friedensschluß erringen werden. Die befürchteten Nachteile liegen vielmehr in anderen Richtungen.

Die schroffste Maßregel wäre jedenfalls die Einverleibung in einen deutschen Bundesstaat. Ich entwickle zunächst die Gründe, die dagegen sprechen. Zunächst würde — darauf ist mit Sicherheit zu rechnen — schon der bloße Versuch, eine solche Gestaltung herbeizuführen, starke Erschütterungen und üble politische Nebenfolgen hervorrufen, zwischen den Reichstagsparteien, zwischen den Bundesstaaten, im Verhältnis zu England und im Verhältnis zu den neutralen Staaten. Zwischen den Reichstagsparteien: jeder Versuch der Einverleibung Belgiens in Deutschland, zu der ja als zu einer Abänderung der Reichsverfassung der Reichstag seine Zustimmung geben müßte, würde schweren Streit hervorrufen und hellen Zwist entfachen — bekanntlich sind die Sozialdemokraten, und nicht nur sie, gegen jede Einverleibung —; das Schauspiel, das wir der Welt geben würden, könnte dann ein recht unerfreuliches sein. Sodann Schwierigkeiten zwischen den Bundesstaaten. Der Plan der Einverleibung in einen der Bundesstaaten könnte leicht unerwünschte Eifersüchteleien hervorrufen, falls mehrere Bundesstaaten den Erwerb des belgischen Gebiets als wertvollen Machtzuwachs für sich ansähen und darum wünschten. Man muß dabei bedenken, daß wir ja jedenfalls auf eine starke Gebietserweiterung Preußens im Osten hoffen dürfen. Auch Belgien könnte, wenn es überhaupt an einen deutschen Staat kommen sollte, nur an Preußen kommen; dadurch würde aber die preußische Macht ganz außerordentlich verstärkt werden, und wenn Bayern auch vielleicht auf andere Weise eine Vergrößerung seines Gebietes erfahren wird, so würde das bisherige tatsächliche Kräfteverhältnis doch zugunsten Preußens in einem Maße verschoben werden, das vielleicht anderen Bundesstaaten schädlich erscheint; alles aber, was die Einigkeit der verbündeten Regierungen beeinträchtigt, muß sorgsam vermieden werden. Umgekehrt könnte auch die Verlegenheit eintreten, daß keiner der Bundesstaaten sich bereit fände, Belgien für sich zu nehmen. Denn man darf sich doch keiner Täuschung darüber hingeben: der Staat, der Belgien in sich einverleibte, würde eine ungeheure Last und eine schwere Verantwortung übernehmen — es würde wahrlich kein Vergnügen sein, diese bis ins tiefste verhetzte, unbotmäßige und zum Teil geradezu widerwärtige Bevölkerung zu regieren! —; und er müßte deshalb von einer Einverleibung eine Störung seiner inneren Verhältnisse befürchten. Auch die Friedensverhandlungen mit England würden wir uns durch die Einverleibung (die ja die für England ungünstigste Maßregel wäre), wie schon früher gesagt, erheblich erschweren. Endlich würde bei den übrigen, insbesondere den jetzt neutralen Staaten der Gedanke hervorgerufen oder befestigt werden, daß das Deutsche Reich ein auf Eroberungen ausgehender Staat sei und die kleineren Staaten zu unterdrücken trachte. Voraussichtlich würde das also gesteigerte Mißtrauen gegen die deutsche Politik einen ungünstigen Einfluß auf unsere künftige politische Stellung nach außen hin ausüben.

Über alles das könnte man schließlich fortkommen. Schwerer wiegen aber die Bedenken, die sich aus der sachlichen Beurteilung der Maßregel rein für sich ergeben. Gegen die Einverleibung spricht einmal die Rücksicht auf die Geschlossenheit unseres Volkstums. In dieser Geschlossenheit, wie sie wenigstens der Hauptsache nach heute vorhanden ist, hat Deutschland einen Grund seiner Stärke. Jeder Staat, der ein einheitliches Volkstum besitzt, hat dadurch einen Vorzug. Man beruft sich dem gegenüber auf die erstaunliche Kraft, die Österreich trotz seines Völkergemisches in diesem Kriege gezeigt hat. Aber daß die Nichteinheitlichkeit seiner Bevölkerung auch schwere Nachteile für den Krieg gebracht hat, ist kein Geheimnis mehr, und jedenfalls darf von dem staatlich ganz anders aufgebauten Österreich nicht auf Deutschland geschlossen werden. Es ist lehrreich, auf die Schweiz zu sehen. Hier war die Aufgabe der Zusammenfassung verschiedener Bevölkerungen zu einem einheitlichen Staat am befriedigendsten gelöst; der Druck der Großmächte von allen Seiten her half freilich dazu, diese Einheit zu stärken. Und wie schwer sind doch die Erschütterungen, die gerade die Schweiz durch ihre Volksverschiedenheit in diesem Kriege durchmachen muß! Deutschland darf also das kostbare Schicksalsgut der Volkseinheit nicht aufgeben. Schon jetzt wird es mit den Splittern fremder Völker, die staatlich zu ihm gehören, nur schwer und unvollkommen fertig. Die Schwierigkeiten würden bei der Aufnahme der aufgestachelten, feindseligen, zum Aufruhr geneigten belgischen Bevölkerung noch außerordentlich viel größer sein.

Gegen die Einverleibung spricht zweitens, entscheidend, die Rücksicht auf unser innerpolitisches Leben. Der Bevölkerung der einverleibten Gebiets könnte, von ganz kurzfristigen Übergangszuständen abgesehen, das aktive und passive Wahlrecht zum Reichstag und ebenso — bei Einverleibung in einen deutschen Bundesstaat — zu der Volksvertretung in dem Bundesstaat nicht vorenthalten werden: eine so zahlreiche und kulturell nach vielen Richtungen so hoch entwickelte Bevölkerung wie die belgische kann nicht auf die Länge als rechtlose Masse im Reichskörper verharren. Die Geschichte lehrt, daß das unmöglich ist. Ein solches Herabschrauben der Belgier zu einem Helotenvolk würde die schwersten inneren Gärungen hervorrufen und dadurch schließlich Deutschland selbst gefährden. Erhalten die Belgier aber das Wahlrecht, so würden die in Belgien gewählten Abgeordneten vollzählig, wie mit Sicherheit anzunehmen ist, reichsfeindlich sein und könnten dadurch die künftige Entwicklung des Reichs unheilvoll beeinflussen; auf die Schwierigkeiten der sprachlichen Verständigung in den Parlamenten sei nur beiläufig hingewiesen. Andere gegen die Einverleibung sprechende Gründe werden sich später noch im Lauf der Erörterungen ergeben.

Was von der Einverleibung ganz Belgiens gilt, gilt auch von der einzelner Teile. Häufig genug hört man sagen: »Wenigstens Antwerpen müssen wir doch haben!« oder: »Lüttich dürfen wir nie wieder herausgeben!« Indes die geschilderten Nachteile, die die Einverleibung ganz Belgiens für uns haben würde, würden sich, freilich entsprechend abgeschwächt, auch bei einer solchen teilweisen Einverleibung einstellen. Ob bei Gelegenheit der ganzen Neuordnung der Verhältnisse hinsichtlich der kleinen rein deutschen Grenzgebiete Belgiens eine Grenzberichtigung zugunsten des Deutschen Reiches vorgenommen werden soll, mag dahingestellt bleiben; die vorher geltend gemachten Haupteinwände treffen, da es sich hier um eine deutsche Bevölkerung handelt, nicht zu — die ganze Frage ist übrigens nur nebensächlich.

Im wesentlichen dieselben Gründe, die gegen die Einverleibung sprechen, führen dazu, auch die Eingliederung in jeder ihrer möglichen Gestalten zu verwerfen. Ganz entscheidend ist auch hier, daß wir unter keinen Umständen belgische Abgeordnete im Reichstag brauchen können; der Bevölkerung des eingegliederten Staats würde aber das Wahlrecht zum Reichstag nicht versagt werden können. Dazu käme noch, daß dem eingegliederten Staat auf die Länge auch eine Vertretung im Bundesrat gewährt werden müßte. Die heute vorhandene, so vorsichtig vorgenommene Gewichtsverteilung der Kräfte im Bundesrat würde dadurch unheilvoll gestört werden. Zudem würde die belgische Regierung dann in alle Geheimnisse der auswärtigen deutschen Politik eingeweiht werden und würde sie alle an das Ausland verraten können, wir würden den Feind im eigenen Lande großziehen.

3. Alle diese schweren Nachteile würden wir aber schließlich in den Kauf nehmen, alle unsere Bedenken würden wir fallen lassen müssen, wenn es unmöglich wäre, eine genügende Sicherung der deutschen Interessen auf andere Weise herbeizuführen. Dies ist aber nicht der Fall. Vielmehr läßt sich ein anderer Weg finden.

Die Wiederherstellung Belgiens in seiner früheren Unabhängigkeit wurde abgelehnt, weil sie für Deutschland höchst gefährlich werden würde. Die Aneignung Belgiens, seine Aufnahme in das Deutsche Reich würde schwere Schäden mit sich bringen und soll deshalb auch womöglich vermieden werden. Will man also beides nicht, so bleibt nur übrig: Belgien muß in selbständiger staatlicher Existenz außerhalb des Deutschen Reichs bestehen bleiben, aber für diese staatliche Existenz muß eine Gestalt gefunden werden, die zwischen jenen beiden Extremen der vollen Unabhängigkeit und der Einverleibung oder Eingliederung liegt: Belgien muß trotz seiner Existenz als eigner Staat außerhalb Deutschlands doch in seiner Unabhängigkeit zugunsten des Deutschen Reiches, durch Einräumung von Rechten an das Deutsche Reich, völkerrechtlich so weit beschränkt werden, wie die Lebensinteressen des Deutschen Reichs das fordern: Belgien als selbständiger, aber von Deutschland abhängiger Staat — das ist die Formel. Wenn sich für diese Neugestaltung kein hergebrachtes Muster passend zeigt, —

Ähnlichkeiten gab und gibt es anderwärts genug —, so muß eben eine neue Rechtsform gefunden werden.

Daneben wäre, um die Gefährlichkeit eines selbständigen Belgiens für Deutschland zu mindern, noch ein zweites Mittel anzuwenden: Belgien muß, unter Benutzung des vorhandenen Gegensatzes zwischen Flamen und Wallonen staatsrechtlich so umgestaltet werden, daß die Flamen sich national selbständig entwickeln können. Diese Befreiung der Flamen ist kein eignes letztes Kriegsziel seiner selbst halber für uns, sondern wird hier nur als Mittel zur besseren Sicherung Deutschlands gegen zukünftige Gefahren betrachtet.

Beide Sicherungsmittel, die völkerrechtliche Unabhängigkeitsbeschränkung Belgiens und seine staatsrechtliche Umgestaltung nach der Richtung größerer Selbständigkeit der Flamen, sind zusammen anzuwenden, sie bilden aber keine notwendige Einheit: wenn man das eine verwirft, so kann man doch das andere allein anwenden. Im folgenden wird zunächst das erste Mittel, die Beschränkung der belgischen Unabhängigkeit, für sich erörtert werden, ohne Rücksichtnahme darauf, ob das »Belgien«, von dem dabei die Rede sein wird, auch künftig als einheitlicher Staat in der bisherigen Weise weiterbestehen oder ob irgendeine Art Trennung in einen flämischen oder wallonischen Teil eintreten wird: das, was von Belgien gesagt wird, würde ebenso von den etwaigen Teilen gelten, in die es zerfallen könnte.

4. Die Verwirklichung der gemachten Vorschläge ist der Form nach in zweifacher Weise möglich. Da Deutschland Belgien, vom Kongoland abgesehen, fast ganz in tatsächlichem Besitz hat, könnte es die von ihm gewählte Neugestaltung der Rechtslage Belgiens durch einen einseitigen Akt, zu dem es den Rechtstitel aus der Tatsache der Eroberung herleitete, vornehmen und zwangsweise durchführen. Viel wünschenswerter im politischen Interesse Deutschlands ist es, daß die Neugestaltung durch einen auch formell giltigen Friedensschluß mit Belgien erfolgt. Ein solcher ist denkbar, da Belgien ja selbständig bleiben soll, während er bei einer Einverleibung ausgeschlossen wäre. Erst durch einen solchen formell giltigen Friedensvertrag kommt

Ruhe in die belgischen Verhältnisse und bahnt sich die Möglichkeit einer wahrhaft gedeihlichen weiteren Entwicklung des gegenseitigen Verhältnisses an; auch würden die deutschen Wünsche hinsichtlich des Kongolandes auf diese Weise sehr viel leichter erreicht werden können. Bei der Ausgestaltung der Vorschläge im einzelnen muß deshalb darauf Rüchsicht genommen werden, daß es möglichst zu einem giltigen Friedensschluß mit Belgien selbst komme.

Da übrigens Belgien als selbständig bleibender Staat seine eignen Finanzen behalten würde, so müßte in dem Friedensvertrag auch über die an das Deutsche Reich zu zahlende Kriegsentschädigung und über das Schicksal des Kongolandes Bestimmung getroffen werden. Der Friedensvertrag mit Belgien würde demnach in der Hauptsache einen dreifachen Inhalt haben müssen: er würde betreffen die völkerrechtliche Stellung Belgiens zum Deutschen Reich, sodann die künftige staatliche Gestaltung Belgiens in sich, endlich die Schadloshaltung Deutschlands (die Kriegsentschädigung nebst dem Schicksal des Kongolandes).

Zweiter Abschnitt.
Das erste Mittel zur Sicherung: die Beschränkung der Unabhängigkeit Belgiens.

I. Leitsätze.

1. Das Interesse des Deutschen Reiches an seiner künftigen Sicherung verlangt als Mindestes eine Beschränkung der Unabhängigkeit Belgiens in der Richtung,

erstens und vor allem, daß Belgien außer Stand gesetzt werde, uns militärisch zu schaden, daß es vielmehr den deutschen militärischen Interessen möglichst dienstbar gemacht werde;

zweitens, daß es verhindert werde, in Zukunft eine selbständige auswärtige Politik gegen das Interesse des Reiches zu treiben;

drittens, daß seine wirtschaftlichen Kräfte nicht gegen das Deutsche Reich nutzbar gemacht werden können, sondern möglichst auch dem Interesse des Deutschen Reiches dienen.

2. Hierüber hinauszugehen fordert kein dringendes Interesse Deutschlands, im Gegenteil, Deutschlands Interessen raten, daß Belgien innerhalb der durch jene Zwecke gezogenen Grenzen in allen seinen Angelegenheiten, in Gesetzgebung und Rechtswesen wie in der gesamten inneren Verwaltung, seine volle Unabhängigkeit behalte.

3. Ob an der Staatsform und der Königsgewalt, wie sie der belgischen Verfassung nach gegenwärtig bestehen, im Interesse Deutschlands etwas geändert werden soll, hängt von der weiteren Entwicklung der Verhältnisse ab.

4. Da, wie früher gesagt, die ganze Neugestaltung möglichst auf dem Wege des Vertrags erreicht werden soll, so würde auch die Beschränkung der belgischen Unabhängigkeit durch Vertrag herbeigeführt werden, das heißt das Deutsche Reich und das jetzige Königreich Belgien müßten als Teil des gesamten Friedensvertrags einen völkerrechtlichen Bündnisvertrag miteinander abschließen.

Die Verständigung wird erleichtert werden, wenn man in der Form, auf die so viel ankommt, betont, daß Belgien ein selbständiger und grundsätzlich auch unabhängiger Staat bleiben oder als solcher wiederhergestellt werden solle, und daß man die nötigen Beschränkungen seiner Unabhängigkeit nur als Ausnahmen hinzufügt, mögen diese Ausnahmen tatsächlich auch noch so groß sein.

Jene Sätze, die eine Unabhängigkeitsbeschränkung fordern, und der ablehnende Satz, daß im übrigen möglichst alles unverändert bleiben soll, sind weiterhin ins einzelne zu verfolgen.

II. Militärische Sicherung.

1. Das Wichtigste ist die militärische Sicherung. Darunter ist nicht etwa nur die Sicherung gegen Belgien selbst zu verstehen, sondern auch die Sicherung gegen alle etwaigen ausländischen Feinde, soweit diese Sicherung durch die Gestaltung unseres Verhältnisses zu Belgien geschehen kann. Das bedeutet, wie schon gesagt, negativ: Belgien soll außer Stand gesetzt werden, uns in einem künftigen Kriege irgendwie militärisch zu schaden, und darüber hinaus positiv: Belgien soll für unsere militärischen Interessen künftig nutzbar gemacht werden.

Die Kräfte eines Staates, militärisch zu nützen oder zu schaden, sind sein Gebiet, also seine geographische Lage, und seine lebendigen Kräfte, die Menschen (mit Ausrüstung, Kriegswerkzeugen usw.). Die volle Sicherung bedeutet mithin: das Verhältnis Belgiens zu Deutschland muß so gestaltet werden, einmal, daß die geographische Lage Belgiens nicht von unseren künftigen Feinden gegen uns genützt werden kann, sondern daß wir sie nützen können, sodann, daß das Heer und die Flotte Belgiens nicht gegen uns verwendet werden können, sondern zur Verstärkung unserer eignen Kräfte frei sind.

Eine derartige Sicherung einem fremden selbständigen Staat gegenüber zu erreichen, hat der eigne Staat zwei Wege. Der eine Weg ist der: der eigne Staat beläßt es dabei, daß der fremde Staat sein Heer für sich hat und mit ihm sein Gebiet besetzt hält, zugleich wird aber ein Militärabkommen getroffen, das für den Fall des Krieges das Zusammenwirken des fremden Heeres mit dem eignen Heere feststellt. Ein solches Bündnis oder Militärabkommen kann enger oder weiter sein, man denke nur einerseits an den Vertrag zwischen Deutschland und Österreich-Ungarn, andererseits an den einstigen Vertrag des Norddeutschen Bundes mit Bayern. Der andere Weg ist der: der eigne Staat besetzt das Gebiet des fremden Staates mit seinen eignen Kräften und erhält das Recht, die wehrfähige Bevölkerung des fremden Gebietes in das eigne Heer einzureihen; auch hier sind wieder im einzelnen verschiedene Formen möglich. Der erste Weg ist der des Vertrauens, der zweite der des Mißtrauens. Den ersten wird man nur gehen können, wenn man der Bündnistreue des fremden Staates, seiner Regierung sowohl wie seiner Bevölkerung, völlig gewiß ist. Daraus ergibt sich, daß für Belgien eine doppelte Regelung stattfinden muß, eine Regelung für jetzt, eine Regelung für später.

2. Für jetzt müssen wir Belgien gegenüber jedenfalls beim Mißtrauen bleiben, das gebietet die Vorsicht unbedingt. Das heißt: wir müssen das belgische Gebiet, soweit uns das erforderlich dünkt, insbesondere also die Seeküste mit dem Zugang zu ihr und die gesamte Maaslinie besetzt halten. Damit ist aber zugleich die Entscheidung über das belgische Heer gegeben: es ist ausgeschlossen, dem belgischen Staat ein eignes Heer zu lassen, das nur etwa mit der Mobilmachung unter den Oberbefehl des Kaisers träte. Auf die Zuverlässigkeit dieses Heeres in einem künftigen Kriege würden wir nicht rechnen können, auch wenn die höheren Befehlsstellen mit deutschen Offizieren — eine sehr wenig beneidenswerte Stellung! — besetzt wären. Wir dürfen für Belgien nicht eine Waffe schmieden helfen, die uns im höchsten Maße gefährlich werden könnte. Es ist ja auch selbstverständlich, daß ein deutsches und ein belgisches Heer nicht ohne die größten Unzuträglichkeiten nebeneinander in Belgien bestehen könnten.

Ebenso ist es aber auch ausgeschlossen, die Belgier im deutschen Heer dienen zu lassen. Die aus der Sprachverschiedenheit hervorgehenden Schwierigkeiten wären wohl überwindbar; aber die dienenden Belgier würden, wie die Verhältnisse tatsächlich liegen, für lange hinaus ein unsicheres, ja gefährliches Element im Heer bleiben; das feste Gefüge des Heeres könnte durch sie gelockert werden. Erfahrungen in diesem Kriege haben hier genügend belehrt. Und die nach Ableistung der Dienstpflicht in die belgische Heimat zurückgekehrten waffengeübten Leute würden die Gefahr und Gefährlichkeit eines Aufruhrs erheblich steigern. Auch wenn Belgien in Deutschland einverleibt würde, müßte doch die gleiche Entscheidung getroffen werden: man müßte fürs erste darauf verzichten, die Belgier zum Waffendienst heranzuziehen. Es bleibt also nichts übrig, als das belgische Heer aufzulösen und die Belgier einstweilen noch überhaupt nicht militärisch dienen zu lassen, vielmehr das Land durch deutsche Truppen besetzt zu halten. Dieses Besetzungsrecht bietet uns militärisch bis aufs letzte genau dieselben Vorteile, die eine Einverleibung bieten würde, vom militärischen

Standpunkte aus zeigt sich also die Einverleibung als überflüssig.

Zu der negativen Seite dieses Vorschlags ist im einzelnen zu bemerken: Erstens: es wird nützlich sein, zu gestatten, daß Belgien (noch außer den gewöhnlichen Polizeiorganen) eine bewaffnete Polizeitruppe für den inneren Dienst selbständig halte. Auch eine Ehrengarde für das Staatsoberhaupt könnte bewilligt werden. Zur Sicherung Deutschlands muß die Vereidigung dieser Truppen für den Kriegsfall auf den Kaiser erfolgen, auch muß der Kaiser das Recht haben, sie aufzulösen, wenn sich Unzuträglichkeiten zeigen. Zweitens: Belgien muß seinen Staatsangehörigen verbieten, in einem ausländischen Staat Kriegsdienste zu nehmen, und zwar bei Androhung des Nachteils, daß dadurch die belgische Staatsangehörigkeit verloren gehen würde. Sonst könnten junge belgische Männer nach Frankreich hinübergehen, dort ins Heer eintreten und nachher nach Belgien zurückkehren. Das wäre gegen das deutsche militärische Interesse. Hat der Belgier, der im Ausland gedient hat, seine belgische Staatsangehörigkeit verloren, so hat die belgische Regierung das Recht, ihm, wenn er nach Belgien zurückkehren will, den Wiedereintritt zu versagen oder den Zurückgekehrten auszuweisen, und Deutschland kann sie veranlassen, von diesem Recht Gebrauch zu machen. Umgekehrt: Belgien darf es seinen Staatsangehörigen nicht verbieten, freiwillig in das deutsche Heer oder die deutsche Flotte einzutreten, und muß auch — davon wird nachher bei der Kostenfrage die Rede sein — einen Vorteil davon haben, so daß es Grund hat, den freiwilligen Eintritt zu fördern; selbstverständlich ist Deutschland nicht verpflichtet, jeden, der sich meldet, zu nehmen. Es ist zu hoffen, daß die, welche freiwillig in Deutschland gedient haben, die Kenntnis und Schätzung Deutschlands in Belgien vermehren und dadurch zur allmählichen Annäherung beitragen werden. Drittens: im Fall der Not, also im Kriegsfall, muß Deutschland das Recht haben, auch die Belgier zum Dienst heranzuziehen. Darum muß die Wehrpflicht der Belgier, obwohl sie im Frieden nicht dienen, doch im Vertrage ausgesprochen werden, und zwar müssen, damit Ungerechtigkeit vermieden werde, die gleichen Bestimmungen hierüber wie in Deutschland gelten. Auch muß jährlich festgestellt werden, welche Personen wehrpflichtig sind, ebenfalls nach den in Deutschland geltenden Bestimmungen.

Sodann die positive Seite des Vorschlags. Daß das deutsche Heer auch in seiner Friedensstärke groß genug ist, Belgien mitzubesetzen, nehme ich nach der Auskunft militärischer Sachverständiger an. Das Recht der Besetzung bedeutet natürlich auch das Recht, zu militärischen Zwecken Anlagen jeder Art zu schaffen, insbesondere einen Kriegshafen und Landbefestigungen anzulegen, ferner das Recht, militärische Übungen im Lande zu veranstalten und die vorhandenen Verkehrswege und Verkehrseinrichtungen zu benutzen, um Menschen, Sachen, Nachrichten zu militärischen Zwecken zu befördern; auch wird Deutschland befugt sein müssen, zur Verbindung der militärischen Stellen in Belgien unter sich und mit der Heimat eigne telegraphische und Fernsprechanlagen zu schaffen und zu verwalten: ob es nötig sein wird, in gleichem Umfange auch eine eigne deutsche Post einzurichten, oder ob das Recht zur Benutzung der belgischen Post genügt, muß die Erfahrung lehren. Indem solchergestalt dem Deutschen Reich eine militärische Gewalt im fremden Staatsgebiet eingeräumt wird, eine Gewalt, die das Reich kraft völkerrechtlichen Titels in eignem Namen ausüben darf, wird nun freilich ein verwickeltes und vielfach unerquickliches Verhältnis geschaffen. Eine derartige militärische Besetzung eines fremden Landes ist immer etwas Unnatürliches und bringt nur allzu leicht Reibungen zwischen den beiden Staatsgewalten, die in gewissem Umfange auf demselben Gebiet nebeneinander bestehen, und zwischen dem Besatzungsheer und der Bevölkerung mit sich. Aber das muß mit in den Kauf genommen werden; es liegt ja auch auf der Hand, daß bei einer Einverleibung des Landes die Reibungen zwischen der einheimischen Bevölkerung und den deutschen Militärpersonen und Beamten ebenso stark, wenn nicht noch stärker sein würden. In seinem eignen Interesse wird sich Deutschland übrigens bei der Besetzung räumlich möglichst beschränken: es wird nur die Orte besetzt halten, deren unmittelbare Beherrschung im militärischen Interesse unerläßlich ist. Im übrigen muß man, um Streitfälle möglichst zu verhüten, den Versuch machen, von vornherein die Machtkreise der beiden Staatsgewalten klar gegeneinander abzugrenzen: die Rechtsstellung der deutschen Truppen im Verhältnis zum belgischen Staat und seinen Behörden und zur Bevölkerung in Belgien muß nach allen Seiten hin scharf umrissen werden. Auch viele sonstige, mit den militärischen Einrichtungen zusammenhängende Fragen erheischen noch eingehende Beantwortung. Um den Zusammenhang nicht allzusehr zu unterbrechen, wird die Darlegung über alle diese Einzelfragen hier weggelassen; die formulierten Vorschläge geben in Artikel 10 einige genauere Richtlinien an.

Durch die Besetzung Belgiens übernimmt das Deutsche Reich selbstverständlich die Pflicht, das belgische Gebiet wie eignes deutsches Gebiet durch die deutsche Wehrmacht zu schützen. Es ist also gerecht, daß Belgien auch einen Teil der sämtlichen Kosten trage, die dem Deutschen Reich durch sein Heer und seine Flotte erwachsen, einschließlich der Kosten für Neuanlage und Erhaltung von Festungen und Kriegshäfen, für Erhaltung und Neubeschaffung von Geschützen und sonstiger Ausrüstung und für die gesamte Verwaltung der Angelegenheiten von Heer und Flotte. Diese Kosten kommen ja auch dem belgischen Staat zugute, und sie werden sich dadurch, daß Belgien besetzt bleibt und mit zu schützen ist, notwendig stark erhöhen. Die Bestimmung des Kostenanteils läßt sich in verschiedener Weise denken. Am nächsten liegt es wohl, ihn nach dem Verhältnis der Einwohnerzahl Belgiens zu der Deutschlands festzusetzen; Kosten und Bevölkerungszahl der deutschen Schutzgebiete würden dabei außer Betracht zu lassen sein.

Belgien muß aber auch noch darüber hinaus an Deutschland einen Kostenbeitrag leisten. Denn die in Deutschland schon vorhandenen militärischen Anlagen jeder Art (Festungen, Kriegshäfen, Kasernen, Übungsplätze usw.) sowie die vorhandenen Waffen und sonstigen Ausrüstungsgegenstände und vor allem die Flotte stellen ein ungeheures sich nicht verzinsendes Kapital dar, das bereits früher ausgegeben ist. Von diesem Kapital wird Belgien ebenfalls Vorteil haben. Allerdings besitzt auch Belgien bereits eine Reihe dauernder militärischer Anlagen, aber sie sind, auch verhältnismäßig genommen, viel geringwertiger als die, welche Deutschland besitzt; es bedarf vielmehr, um Belgien auch nur zu Lande militärisch in den gleichen Stand mit Deutschland zu setzen, unzweifelhaft einer großen Anzahl von Neuanlagen: dahin gehören wieder neue Befestigungen, Kasernen, Übungsplätze, militärische Bahnen und dergl.; auch große Neuanschaffungen von Geschützen und sonstigen Ausrüstungsgegenständen werden für Belgien erforderlich sein. Behielte Belgien seine volle Militärhoheit, so müßte es, um dem Deutschen Reich im Verhältnis gleichwertig zu sein, die Ausgaben für alle diese Anlagen usw. aus eignen Mitteln bestreiten. Es ist daher gerecht, wenn Belgien auch bei der militärischen Besetzung durch Deutschland diese Kosten allein trägt. Nun ist aber eine ziffermäßige Feststellung, welche Ausgaben Belgien machen müßte, um jenen Zustand der Gleichwertigkeit herzustellen, unmöglich. Ein gerechter Ausgleich wäre vielleicht dadurch herbeizuführen, daß Belgien die Kosten für sämtliche militärische Neuanlagen in Belgien selbst trägt, aber nur, soweit die Anlagen bleibender Natur sind. Indes auch hiergegen erhebt sich ein Bedenken. Auf diese Weise würde Belgien ganz in die Hand unserer Militärverwaltung gegeben sein, die dann auf Kosten Belgiens und unbeschränkt durch Bundesrat und Reichstag beliebig die teuersten Bauten errichten könnte; ein Mitbestimmungsrecht Belgiens bei der Feststellung, ob solche Bauten erforderlich sind, müßte ja aus naheliegenden Gründen ausgeschlossen bleiben. Daraus erwächst der Vermittlungsvorschlag, daß Belgien zunächst nur die Hälfte dieser einmaligen Ausgaben vorab allein trägt; die andere Hälfte wird dann wieder von Deutschland und Belgien gemeinsam nach dem früher festgestellten Verhältnis getragen: hierdurch ist Belgien genügend gesichert, denn der von Deutschland zu tragende Anteil muß wie jede militärische Ausgabe auf den

Reichshaushaltsetat gebracht werden. Wenn, wovon nachher die Rede sein wird, die deutsche Besetzung einmal ihr Ende findet, darf und muß Belgien die sämtlichen vorhandenen Neuanlagen gegen Erstattung der Hälfte ihres dann zu ermittelnden Wertes, mindestens aber der Hälfte der Anlagekosten, für sich übernehmen. Daß Deutschland, da Belgien von dieser Hälfte bereits einen verhältnismäßigen Anteil gezahlt hat, schließlich etwas mehr als das Ganze zurückerhält, fällt nicht ins Gewicht, es bildet ein Entgelt für den Zinsverlust, den Deutschland durch die Kapitalaufwendung erlitten hat. In der gleichen Weise wären dann auch diejenigen Neuanlagen zu behandeln, die zwar nicht unmittelbaren militärischen Zwecken dienen, aber doch durch die deutsche militärische Besetzung nötig werden und als Daueranlagen schließlich Belgien zugute kommen: so kann sich der Bau deutscher Schulen für die deutschen Soldatenkinder und deutscher Kirchen als notwendig erweisen; auch könnte sich Deutschland etwa, wenn die Bevölkerung den Offizieren der deutschen Besatzung bei der Vermietung von Wohnungen böswillig Schwierigkeiten machen sollte, genötigt sehen, Dienstwohnungen zu bauen.

Aber auch für den Ausfall der Dienstpflicht der Belgier muß eine Ausgleichung geschaffen werden. Die wirtschaftliche Einbuße, die die Einrichtung eines stehenden Heeres mit sich bringt, besteht ja nicht bloß in den Kosten für dieses Heer, sondern auch darin, daß die Arbeitskraft des einzelnen dienenden Mannes für die Zeit des aktiven Dienstes einschließlich der Übungen unproduktiv in Anspruch genommen ist. Belgien würde also, wenn keine Dienstpflicht der Belgier besteht, Deutschland gegenüber wirtschaftlich allzusehr begünstigt sein, da es die ganze Arbeitskraft seiner Bevölkerung ohne Einschränkung durch den militärischen Dienst für wirtschaftliche Zwecke frei hat. Der nötige Ausgleich kann nur auf wirtschaftlichem Gebiete gefunden werden. Man könnte den kühnen Gedanken erwägen, ob etwa jeder wehrpflichtige Belgier verpflichtet sein solle, während der Zeit, in der er sonst militärisch dienen müßte, unter militärischer Organisation in irgendwelchen deutschen

Staatsbetrieben Arbeit zu leisten. Verwirft man dies, so bleibt nur der Ausweg, den Gewinn, den Belgien dadurch hat, daß die Arbeitskraft seiner nach deutschen Gesetzen wehrpflichtigen Bevölkerung frei ist, in Geld zu veranschlagen und vom belgischen Staat an das Deutsche Reich zahlen zu lassen. Die Berechnung mag schwierig sein, unmöglich ist sie nicht, und Genauigkeit ist ja keineswegs erfordert: eine Schätzung genügt. Ob und wie der belgische Staat diese Summe von dem einzelnen Wehrpflichtigen wieder einziehen will, ist seine Sache. Für jeden Mann, der in der belgischen Polizei- oder Gardetruppe oder in dem Heere oder der Kriegsflotte des Deutschen Reichs dient, würde ein entsprechender Abzug zu machen sein. Das kann dahin führen, daß der belgische Staat bestrebt sein wird, das freiwillige Dienen in Deutschland zu fördern.

3. Regelung für später. Der bisher gezeichnete Zustand, der im Sicherungsinteresse Deutschlands unentbehrlich ist, wird für Belgien gewiß sehr drückend sein und wird mit der Zeit immer drückender empfunden werden. Auf unbegrenzte Dauer ist er seiner Natur nach nicht berechnet. Es ist aus politischen Gründen zweckmäßig, in dem Vertrage selbst zum Ausdruck zu bringen, daß er nur eine vorübergehende Bildung sein soll, die später einer anderen zu weichen hat: der für die spätere Zeit in Aussicht genommene endgiltige Zustand wäre seinen Grundzügen nach in dem Vertrage selbst schon festzulegen, er müßte sogar als das angestrebte Normale im Vertrage vorangestellt werden. Der Vertrag bekommt dadurch ein anderes, für Belgien sehr viel günstigeres Gesicht, was auch bei den Friedensverhandlungen mit Belgien selbst wie mit den anderen Mächten von Vorteil sein könnte.

Als endgiltiger Rechtzustand für eine spätere Zeit, mag diese tatsächlich auch noch so fern liegen, ist in Aussicht zu nehmen, daß Belgien im Frieden sein eignes Heer — die Flotte muß einheitlich deutsch bleiben! — unter dem Oberbefehl seines Königs besitzt, allerdings nach deutschem Muster eingerichtet, dazu mit einem Besichtigungsrecht des Kaisers; im Augenblick der vom Kaiser anzuordnenden Mobilmachung würde es unter den Oberbefehl des Kaisers treten. Das Verhältnis wäre ähnlich dem, das gegenüber Bayern durch den Bündnisvertrag vom 23. November 1870 hergestellt worden ist. Da das Heer im Kriege einheitlich sein soll, würde es von Vorteil sein, wenn als Heeressprache von vornherein die deutsche bestimmt würde; doch könnte, wenn von militärischer Seite kein besonders großes Gewicht darauf gelegt wird, davon Abstand genommen werden: die Belgier würden jedenfalls die Anordnung, daß Deutsch die Heeressprache sein soll, als besonders schweren Eingriff empfinden.

Die Einführung des soeben gezeichneten, für Belgien günstigeren endgiltigen Zustandes ist aber erst für die Zeit in Aussicht zu nehmen, wo sich Belgien mit den neuen politischen Zuständen versöhnt haben wird, so daß Deutschland der Zuverlässigkeit des belgischen Volkes und seiner Leiter versichert sein kann. Diesen Zeitpunkt zu bestimmen hat Deutschland das Recht: dadurch sind seine Interessen vollständig gewahrt; Belgien aber behält die Hoffnung auf diese künftige Änderung und bekommt dadurch den Antrieb, sich mit Deutschland gut zu stellen. Auf diese Weise entfällt auch die Notwendigkeit, über die vielen Einzelheiten, die für den künftigen Rechtszustand zu ordnen sind, in dem Bündnisvertrage selbst jetzt schon Bestimmung zu treffen. Alles künftig Nötige könnte mit Belgien auch erst künftig vereinbart werden: kommt eine für Deutschland befriedigende Vereinbarung, die sich auch auf die Einführung des deutschen Militärrechts in Belgien beziehen würde, dereinst nicht zustande, so läßt Deutschland die Besetzung eben fortdauern. Auf diese Weise kann alles sorgfältig vorbereitet, und die Erfahrungen, die man zunächst während der Besetzungszeit machen wird, können verwertet werden.

Freilich werden die Belgier selbst nicht zweifelhaft sein, daß die Zeit, wo Deutschland bereit sein wird, den neuen Zustand in Kraft treten zu lassen, noch sehr fern liegt. Jene Hoffnung ist also selbst nur eine ferne und wird darum nicht stark genug wirken. Es würde daher zweckmäßig sein, in dem Vertrag bereits Zwischenbildungen zwischen dem zuerst eintretenden und dem späteren endgiltigen Zustand als möglich hinzustellen: dem belgischen Staat würde damit die Aussicht eröffnet werden, daß ihm, je nachdem wie er und wie die Bevölkerung sich zu Deutschland stellen wird, Erleichterungen der deutschen militärischen Herrschaft in irgendeiner künftig zu bestimmenden Art gewährt werden können, natürlich nur, wenn er selbst einverstanden ist, also vertragsmäßig. Das würde vielleicht mehr als alles andere dazu helfen, daß sich Belgien auch tatsächlich mit Deutschland in gutes Einvernehmen setzt und innerlich mit ihm zusammenwächst.

4. Die militärische Sicherung Deutschlands verlangt, sowohl bei dem zunächst eintretenden wie bei dem für künftig in Aussicht genommenen Rechtszustand, gewisse Rechte Deutschlands in bezug auf die Verkehrsstraßen, also die Eisenbahnen und die Kanäle und sonstigen Wasserstraßen. Grundsatzgemäß soll Belgien, wie es überhaupt in seinen inneren Angelegenheiten selbständig bleibt, dies auch in bezug auf das Eisenbahnwesen sein. Aber die Bedeutung der Eisenbahnen für den Kriegsfall erfordert für Deutschland mindestens:

1) das Recht, im militärischen Interesse Einsicht in den Zustand und die Verwaltung der Bahnen zu nehmen, womit auch das Recht verbunden sein muß, zu verlangen, daß die Betriebseinrichtungen der belgischen Bahnen in Übereinstimmung mit denen der deutschen Bahnen gebracht werden,

2) das Recht, die Verwaltung (nebst Ausbau und Betrieb) der Bahnen auf Rechnung des Eigentümers selbst zu übernehmen, wenn das im militärischen Interesse notwendig ist,

3) das Recht, den Bau militärisch notwendiger neuer Bahnen zu verlangen und im Weigerungsfall ihn selbst vorzunehmen, und dementsprechend auch das Recht, den belgischen Bau von Bahnen, die militärisch gefährlich werden könnten, zu verbieten; es ließe sich doch etwa denken, daß es dem belgischen Staat einfiele, eine Bahnlinie zu bauen, die einen französischen Einmarsch in Belgien erleichtern würde.

Die Frage, ob eine dieser Maßregeln durch das militärische Interesse gefordert wird, darf nicht zum Gegenstand eines Streitverfahrens vor dem Schiedsgericht, von dem später noch die Rede sein soll (Art. 26 des Entwurfs) gemacht werden; Deutschland muß hier allein entscheiden, sonst könnten militärische Geheimnisse gefährdet werden. Die nötige Sicherung Belgiens ist dadurch gegeben, daß zur Anlage einer Eisenbahn oder zur Übernahme ihrer Verwaltung ein Reichsgesetz und zum Verbot des Eisenbahnbaues die Zustimmung des Bundesrats erfordert wird.

Gerade in bezug auf Eisenbahnen gehen die Wünsche vieler sonst gemäßigt denkender Männer weiter: man wünscht, daß die Verwaltung sämtlicher Eisenbahnen sofort an das Deutsche Reich übergehe, etwa in der Art, wie bei der Luxemburger Prinz-Wilhelm-Eisenbahn; nur dadurch sei es möglich, die deutschen militärischen Interessen vollständig zu wahren. Im Interesse unserer militärischen Sicherheit müßten einmal alle Personen des Betriebs- und Bahnbewachungsdienstes und die höheren Beamten Deutsche sein; sodann seien umfangreiche Umbauten und Betriebsverbesserungen nötig, um die belgischen Linien zu voller Leistungsfähigkeit für den Krieg zu bringen: diese Umbauten und Verbesserungen könnten aber nur von der deutschen Verwaltung gemacht werden, auch sei nur die deutsche Verwaltung imstande, die Bahnen dauernd in dem für die militärischen Zwecke erforderlichen Zustande zu erhalten.

Dies alles ist richtig, und das Gewicht dieser Gründe ist anzuerkennen, aber der oben gemachte Vorschlag schiebt keinen Riegel vor, der es hinderte, diese weitergehenden Wünsche zu befriedigen. Im Falle der Mobilmachung geht die Verwaltung der Eisenbahnen schon ohnehin an das Heer über, weil die deutsche Militärtransportordnung in Belgien in Kraft treten muß; und wenn sich herausstellen sollte, daß das militärische Interesse Deutschlands auch für Friedenszeiten die Übernahme der Verwaltung aller Hauptlinien erfordert, so kann Deutschland ja von dem Recht, das ihm durch den Satz unter Ziffer 2 gewährt ist, Gebrauch machen. Der gemachte Vorschlag erscheint aber seiner Form nach sehr viel milder, als wenn man von vornherein bestimmt, daß die Verwaltung der belgischen

Bahnen an Deutschland fallen solle, und auf diese Form ist zur Erleichterung der Friedensverhandlungen Gewicht zu legen. — Von der Gestaltung der Gütertarife und Fahrpläne wird noch bei der »wirtschaftlichen Sicherung« die Rede sein.

Alles, was von den Eisenbahnen gesagt ist, gilt auch von den Wasserstraßen.

Auch den Bau von Telegraphen- und Fernsprechanlagen, die im militärischen Interesse notwendig sind, muß Deutschland verlangen können. Doch ist eine eigne Vertragsbestimmung hierüber wohl entbehrlich: während der Zeit der militärischen Besetzung hat Deutschland ja ohnehin das Recht, alle militärisch erforderlichen Anlagen selbst zu schaffen.

5. Endlich bedarf Deutschland, und zwar ebenfalls sowohl bei dem zunächst eintretenden wie bei dem für künftig in Aussicht genommenen Rechtszustand, noch eines besonderen Schutzmittels: der Kaiser muß das Recht erhalten, den Kriegszustand (sogenannten Belagerungszustand) in Belgien zu erklären, wenn die Rechte oder wenn auch nur — die Grenzen sind hier weiter zu ziehen — die militärischen Interessen des Deutschen Reiches in Belgien bedroht sind. Die belgische Verfassung selbst kennt eine solche Maßregel nicht, siehe Artikel 130 der belgischen Verfassung. Aber für Deutschland ist das Recht dazu unentbehrlich, mag die Bedrohung von einer auswärtigen Macht oder mag sie von Belgien selbst, von dem Staat Belgien oder seiner Bevölkerung, ausgehen. Der Umfang, in dem Deutschland das Recht haben muß, diese Maßregel anzuwenden, ist demnach folgender:

1) Der eine Anwendungsfall ist der, daß ein Krieg mit einer auswärtigen Macht droht oder ausgebrochen ist. Das politische Schicksal Deutschlands und Belgiens soll völlig einheitlich sein; jede kriegerische Verwicklung, in die Deutschland gerät, ergreift also auch Belgien. Darum muß auch für alle hinsichtlich des Krieges zu treffenden Maßregeln Belgien wie ein Teil deutschen Gebiets gelten.

2) Der andere Anwendungsfall ist der, daß in Belgien ein Aufruhr gegen die belgische Regierung ausbricht — jede derartige

Störung der öffentlichen Sicherheit kann naturgemäß auch zu einer Bedrohung der militärischen Rechte und Interessen Deutschlands in Belgien führen, der Deutschland nicht ruhig zusehen kann, dann nämlich, wenn die belgischen Behörden selbst mit ihren eignen Machtmitteln ihrer nicht Herr werden können.

3) Ein dritter Anwendungsfall ist der, daß in Belgien feindselige Akte vorkommen, die sich nur gegen Deutschland, nicht gegen die belgischen Behörden selbst richten, und daß die belgischen Behörden entweder machtlos sind einzuschreiten oder daß sie nicht einschreiten wollen. Vorkommnisse wie in Zabern dürfen sich in Belgien nicht wiederholen. Auch hier muß Deutschland durch das Recht zur Verhängung des Belagerungszustandes geschützt sein. Schon die in der Einräumung dieses Rechts liegende Drohung wird sich als wirksames Vorbeugungsmittel erweisen.

4) Und ganz dasselbe gilt, wenn etwa die belgische Regierung selbst entgegen dem Bündnisvertrage in irgendeiner Art und Weise Zettelungen gegen Deutschland beginnen wollte: jede Vertragsuntreue bedroht auch die militärische Stellung Deutschlands in Belgien und muß deshalb das Recht zur Verhängung des Belagerungszustandes auslösen.

Hinsichtlich der Form der Verkündigung und hinsichtlich der Wirkung müssen die für Deutschland geltenden Vorschriften maßgebend sein, nach Artikel 68 der Reichsverfassung also mittelbar die Vorschriften des preußischen Gesetzes vom 4. Juni 1851 oder die an ihre Stelle getretenen späteren Vorschriften; dabei ist § 5 des preußischen Gesetzes, der die zeitweise Außerkraftsetzung gewisser Artikel der preußischen Verfassung betrifft, auf die entsprechenden Bestimmungen des belgischen Rechts umzudeuten.

III. Politische Sicherung.

1. Soll Belgien verhindert werden, in Zukunft eine dem Deutschen Reich schädliche auswärtige Politik zu treiben, so kann dies nur dadurch geschehen, daß es außer Stand gesetzt wird, überhaupt auswärtige Politik zu treiben; ein bloßes Auf-

sichtsrecht des Deutschen Reiches genügt hier nicht. Vielmehr müssen die auswärtigen politischen Angelegenheiten Belgiens von Deutschland besorgt werden. Die Bezeichnung »auswärtige Angelegenheiten« ist hier im engeren, rein politisch-militärischen Sinne zu nehmen. Es gehören dahin Kriegserklärungen und Friedensschlüsse, Bündnisse für den Kriegsfall, Eingehung von Verpflichtungen zur Verhütung eines Krieges (zum Beispiel Schiedsgerichtsabkommen) oder für den Fall eines Krieges, Gebietsveränderungen, Erwerb von Kolonialgebieten und vieles sonstige; man kann zusammenfassend sagen: alles was unmittelbar oder mittelbar die (im wesentlichen nur militärischen) Rechte des Deutschen Reichs in Belgien, wie sie durch diesen Bündnisvertrag festgesetzt werden, berührt; der Sicherheit halber ist noch, da der Begriff »Rechte« zweifelhaft sein könnte, hinzuzusetzen: was die militärischen Interessen Deutschlands berührt (Handelsverträge sollen hier einstweilen ganz außerhalb der Erörterung bleiben.) In allen diesen Beziehungen zu fremden Staaten müssen künftig Deutschland und Belgien vollkommen einheitlich vorgehen. Das heißt aber, daß hier nur ein Wille entscheidend sein darf, und das ist selbstverständlich der Deutschlands. Eine Zustimmung Belgiens darf nicht erfordert werden, sonst würde Belgien in der Lage sein, die deutsche Politik lahmzulegen. Deutschland sieht die Sachlage so an, daß die wahren Interessen Belgiens und die des Deutschen Reiches übereinstimmen; indem Deutschland seine eignen Interessen wahrnimmt, nimmt es zugleich die Belgiens wahr. Formell freilich müssen alle Vereinbarungen und einseitigen Erklärungen in auswärtigen Angelegenheiten, um für Belgien Wirkung zu haben, auch im Namen Belgiens erfolgen, da Belgien ja ein selbständiger Staat bleiben soll. Wenn nun die Entscheidung doch dem Deutschen Reich zustehen soll, so heißt das: die völkerrechtliche Vertretung Belgiens in diesen Angelegenheiten muß auf das Reich übergehen. Völkerrechtliches Organ des Deutschen Reichs ist nach Artikel 11 Absatz 1 der Reichsverfassung der Kaiser. Also muß er auch das dem Reich übertragene Recht zur völkerrechtlichen Vertretung Belgiens ausüben.

Aus der gegebenen Begründung folgt aber auch eine Einschränkung. Wenn die auswärtige Politik Deutschlands und Belgiens einheitlich geführt werden soll, so wird das in der Regel bedeuten, daß sich alle Rechtsakte der auswärtigen Politik in gleicher Weise auf Deutschland und Belgien beziehen sollen. Aber denkbar wäre auch zum Beispiel eine Vereinbarung Deutschland-Belgiens mit einem fremden Staat, die für oder gegen Belgien etwas anderes festsetzte als für oder gegen Deutschland; und wenn dem Kaiser das Recht gegeben ist, Belgien völkerrechtlich zu vertreten, so hat er auch die Befugnis, Rechtsakte nur im Namen Belgiens, nicht zugleich in dem des Deutschen Reichs vorzunehmen. Solche Rechtsakte können dazu bestimmt sein, die Rechtslage Belgiens der des Deutschen Reichs anzugleichen, insbesondere ein von Deutschland bereits früher geschlossenes Abkommen auf Belgien auszudehnen, aber ausgeschlossen ist formell betrachtet auch hier nicht, daß durch einen solchen nur im Namen Belgiens vorgenommenen Rechtsakt Belgien anders, ungünstiger gestellt werden würde, als es das Deutsche Reich ist. Hier ist eine Sicherung für Belgien nötig: seine Zustimmung muß erfordert sein, sonst wäre es dem Deutschen Reich dauernd auf Gnade oder Ungnade ausgeliefert, und das würde in Widerspruch damit stehen, daß Belgien eben grundsätzlich ein selbständiger Staat bleiben soll; Deutschland hätte es zum Beispiel in der Hand, ohne den Willen Belgiens ein Stück belgischen Gebiets an Frankreich abzutreten, um dafür ein Stück französischen Gebiets für Deutschland einzutauschen. Wer in Belgien die Zustimmung zu geben hat, bemißt sich nach belgischem Verfassungsrecht; ob Artikel 68 der belgischen Verfassung hier entsprechend anzuwenden ist oder ob er einer Ergänzung bedarf, hat Belgien allein zu entscheiden.

Bei der zwischen Deutschland und Belgien bestehenden politischen Interesseneinheit müssen alle im Namen Belgiens vorgenommenen Rechtsakte tatsächlich auf Deutschland zurückwirken. Es ist darum folgerichtig, daß Bundesrat und Reichstag auf solche Rechtsakte den gleichen Einfluß haben müssen, wie sie ihn haben würden, wenn diese Rechtsakte im Namen des

Reiches vorgenommen würden. Eine dahingehende Bestimmung gehört insofern auch in den Bündnisvertrag, als sie das Vertretungsrecht des Kaisers beschränkt; im übrigen würde sie sachlich eine Ergänzung der deutschen Reichsverfassung sein. Es ist zum Beispiel selbstverständlich, daß Krieg und Friede Deutschlands zugleich auch immer Krieg und Friede Belgiens ist. Ohne jene Bestimmung aber könnte der Kaiser (allerdings nur mit Zustimmung Belgiens) eine Kriegserklärung im Namen Belgiens allein aussprechen und dadurch Deutschland, das den Schutz Belgiens übernommen hat, ebenfalls in den Krieg verwickeln, ohne daß der Bundesrat zuzustimmen brauchte (siehe Artikel 11 Absatz 2 der Reichsverfassung). Erheblichere praktische Bedeutung würde, wie man sieht, die Bestimmung nicht haben, aber es ist doch wohl angebracht, sie besonders auszusprechen. Übrigens bleibt zu erwägen, ob Artikel 11 Absatz 2 der Reichsverfassung nicht dahin zu ergänzen ist, daß ein Angriff auf Belgiens Gebiet oder Küsten einem Angriff auf Deutschland gleichstehe.

2. Nach dem Grundgedanken dieser Vorschläge soll Belgien in allem, was nicht die auswärtige Politik in dem oben gekennzeichneten engeren Sinne und die Rechte und militärischen Interessen Deutschlands in Belgien betrifft (die wirtschaftlichen Dinge sollen auch hier noch außer Betracht bleiben), unabhängig sein. Dem entspricht es, daß Belgien in solchen Angelegenheiten auch selbständig völkerrechtliche Rechtsakte vornehmen, insbesondere Verträge schließen und kündigen kann, zum Beispiel Verträge über Rechtshilfe, Auslieferung, Vereinheitlichung des internationalen Privatrechts, über Post und Telegraphie, über Seuchenschutz und Münzwesen. Im einzelnen Falle kann es aber doch zweifelhaft sein, ob ein völkerrechtlicher Vertrag zu der einen oder der anderen Gruppe gehört; es empfiehlt sich daher zu bestimmen, daß Belgien dem Kaiser von allen völkerrechtlichen Rechtsakten Kenntnis zu geben hat, damit der Kaiser, wenn er den Rechtsakt als zu denen der ersten Gruppe gehörig ansieht, Einspruch gegen den Eingriff in sein Vertretungsrecht erheben könne. Um zu verhüten, daß er mit

diesem Einspruch zu spät komme, ist festzusetzen, daß vor seiner Erklärung hierüber der Rechtsakt noch keine Wirkung hat. Das bedeutet nicht, daß dem Kaiser schlechthin ein Einspruchsrecht gegen jeden Vertrag zustehen soll. Vielmehr würde bei Meinungsverschiedenheit darüber, ob das Vertretungsrecht des Kaisers gegeben ist oder nicht, ebenso wie bei allen anderen reinen Rechtsstreitigkeiten, das Schiedsgericht, von dem später die Rede sein soll, zu entscheiden haben. Das muß, um eine falsche Deutung zu verhindern, gerade an dieser Stelle besonders erwähnt werden.

3. Soll Belgien gehindert werden, künftig selbständige auswärtige Politik gegen das Interesse des Deutschen Reiches zu treiben, so muß es das Recht verlieren, Gesandte in fremden Staaten zu beglaubigen oder aus fremden Staaten bei sich zu empfangen. Für die Angelegenheiten der auswärtigen Politik im engeren Sinne braucht es sie nicht, da diese von Deutschland besorgt werden; bei sonstigen völkerrechtlichen Verhandlungen würden sie für Belgien zwar bequem sein, sind aber nicht unentbehrlich: es genügen auch gelegentliche Bevollmächtigte. Die Absendung und der Empfang von solchen kann tatsächlich überhaupt nicht gehindert werden. Gesandtschaften aber, namentlich ständige, würden nur allzuleicht Mittelpunkte deutschfeindlicher Treibereien werden können. Das Recht zur diplomatischen Vertretung Belgiens muß demnach dem Deutschen Reich übertragen werden: es darf nur einen einzigen belgischen Gesandten geben, das ist der in Berlin, und Belgien darf nur einen einzigen Gesandten bei sich empfangen, das ist der Gesandte des Deutschen Reichs. Es würde dann vielleicht nützlich sein, bei jeder Gesandtschaft unter einem mit den belgischen Verhältnissen gut vertrauten Gesandtschaftssekretär eine eigne Abteilung für belgische Angelegenheiten einzurichten, wobei selbstverständlich der Gesandte immer die höchste Leitung, Entscheidung und Verantwortung behielte; die Möglichkeit, dabei auch belgische Hilfskräfte zu verwenden, bliebe offen.

Wünschenswert, wenn schon weniger wichtig, wäre auch eine Vereinheitlichung des Konsulatswesens, in dem Sinne, daß die deutschen Konsuln im Ausland zugleich auch die belgischen Geschäfte miterledigen oder unter ihrer Aufsicht und Verantwortung mit erledigen lassen. Eigne belgische Konsuln würde es also nur im Deutschen Reich geben. Eine notwendige Ergänzung dazu wäre es, daß ausländische Konsuln in Belgien nur mit Einverständnis des Deutschen Kaisers zugelassen werden dürften. Diese Vereinheitlichung des Konsulatswesens wäre wünschenswert, weil eigne belgische Konsuln im Ausland ihre Stellung ebenfalls leicht dazu benützen könnten, politisch gegen das Reich zu wirken. Doch wird sie sich nur unter der Voraussetzung durchführen lassen, daß Belgien in den deutschen Zollverein eintritt; selbst dann wird es für den Konsul sehr schwierig sein, beide Interessenkreise (die ja wegen der Zwischenzölle immer noch verschieden sein würden) gleichmäßig wahrzunehmen; bei einem reinen Handelsvertragsverhältnis wäre das wohl ganz unmöglich.

4. Es ist billig, daß Belgien einen Teil der Kosten zu tragen hat, die dem Deutschen Reich durch die Besorgung der auswärtigen Angelegenheiten zugleich im Interesse Belgiens erwachsen, insbesondere also, aber nicht allein, der Kosten für die Gesandtschaften in fremden Staaten. Der Anteil würde wieder zweckmäßig nach dem Verhältnis der Einwohnerzahl Belgiens zu der Deutschlands festgesetzt werden.

IV. Wirtschaftliche Sicherung.

Deutschlands Stärke in einem neuen künftigen Krieg hängt auch von seinem wirtschaftlichen Gedeihen ab. Daher muß es die Gelegenheit des Friedensschlusses wahrnehmen, um seine wirtschaftlichen Interessen gegenüber Belgien zu sichern: es muß sich gegen eine Erdrückung seiner Industrie durch den belgischen Wettbewerb sichern, muß dem deutschen Kapital und Unternehmungsgeist freie Bahn in Belgien schaffen, und muß dafür sorgen, daß die Vorteile, die Antwerpen für den Einfuhr- und Ausfuhrhandel bietet, den Deutschen ebenso zugute kommen, als wenn Antwerpen ein deutscher Hafen wäre. Die Frage, wie diese wirtschaftliche Sicherung im einzelnen geschehen soll, kann nicht ohne eingehende Sonderuntersuchungen schwieriger Art beantwortet werden, die nur von Sachverständigen, nicht hier angestellt werden können. Hier müssen folgende Bemerkungen genügen.

1. Hinsichtlich der Form, in der das Ziel der wirtschaftlichen Sicherung erreicht werden soll, bieten sich zwei Möglichkeiten dar, beide finden unter den Wirtschaftspolitikern ihre Befürworter. Manche wollen das wirtschaftliche Verhältnis zu Belgien durch einen Handelsvertrag geordnet wissen, einen Vertrag also mit beschränkter Zeitdauer: dieser Vertrag könne, so meinen sie, unter dem Druck der gegenwärtigen Lage für Deutschland günstig gestaltet werden, und die Machtstellung, die Deutschland auch künftig in Belgien einnehmen werde, lasse erwarten, daß auch bei einer späteren Kündigung des Vertrages Deutschland durch einen neuen Vertrag seine Interessen genügend zu wahren imstande sein werde. Dabei würde Belgien die Freiheit behalten, mit anderen Staaten von sich aus Handelsverträge zu schließen; gegen die Gefahren solcher künftigen Handelsverträge könnte sich Deutschland durch eine Meistbegünstigungsklausel oder eine Vorzugsklausel oder irgendeine sonstige vertragsmäßige Bindung Belgiens vorsehen. Andere meinen, es entspreche dem nahen politischen Verhältnis, in das die beiden Staaten zueinander kommen sollen, daß Belgien dem deutschen Zollverein beitrete: dabei müsse versucht werden, die Teilung der Zolleinnahmen so zu gestalten — und das würde auch der Gerechtigkeit entsprechen —, daß die unter dem deutschen Schutz und infolge seiner zu erwartende Vermehrung des belgischen Außenhandels auch dem Deutschen Reich zugute komme. Zwischenzölle könnten hierbei freilich nicht entbehrt werden; auch müßte dem belgischen Staat bei der Festsetzung der Zölle und bei den Handelsvertragsverhandlungen mit fremden Staaten ein Mitwirkungsrecht irgendeiner Art eingeräumt werden. Ferner würde die Schaffung eines derart — von den Zwischenzöllen abgesehen — einheitlichen belgisch-deutschen Wirtschaftsgebiets erfordern, daß auch die Bedingungen, unter denen die Industrie in beiden Ländern arbeitet, im wesentlichen

gleich gestaltet werden. Durch die in Deutschland geltende Arbeiterschutz- und Arbeiterversicherungs-Gesetzgebung wird die deutsche Erzeugung mit erheblichen Kosten belastet, die die belgische bisher nicht trägt: um die deutsche Industrie wettbewerbsfähig zu erhalten, würde daher eine Ausdehnung der genannten Gesetzgebung auf Belgien unentbehrlich sein; die Schwierigkeiten der Durchführung dieser Maßregel dürfen freilich nicht unterschätzt werden.

Für den Plan der Aufnahme Belgiens in den Zollverein spricht, daß die wirtschaftliche Einheit das Zusammengehörigkeitsgefühl stärken und dadurch politisch günstig wirken könnte. Übrigens würde sie es auch erlauben, das Konsulatswesen zu vereinheitlichen, was oben schon als wünschenswert bezeichnet wurde. Entscheidend sind aber allein die Erwägungen, ob der Eintritt Belgiens in den Zollverein dem Deutschen Reich wirtschaftlich vorteilhafter ist als ein bloßer Handelsvertrag, und darüber soll hier kein Urteil abgegeben werden. In dem formulierten Vertragsentwurf am Schluß ist zwar, um keine leere Stelle zu lassen, der Satz, daß Belgien in den Zollverein eintrete, und darum auch die Bestimmung über die Einführung der Arbeitergesetzgebung und die über die Vereinheitlichung des Konsulatswesens aufgenommen worden; aber eine bestimmte Stellungnahme soll damit nicht ausgesprochen sein.

2. In beiden Fällen, ob man Handelsvertrag oder Eintritt in den Zollverein wählt, müßten ohne Möglichkeit einer Kündigung zwei Sätze gelten. Einmal der Satz, daß im Fall eines Krieges Deutschland und Belgien insoweit ein einheitliches wirtschaftliches Gebiet bilden, als alle durch den Krieg erforderten wirtschaftlichen Maßnahmen, die für Deutschland getroffen werden, von der deutschen gesetzgebenden Gewalt auch für Belgien getroffen werden können. Sodann der Satz, daß auch in Friedenszeiten die im politischen oder militärischen Interesse Deutschlands ergehenden Einfuhr- und Ausfuhrverbote und ebenso die Beschränkungen der Einfuhr und Ausfuhr sich von selbst auch auf Belgien erstrecken. Nicht nur ein schon ausgebrochener Krieg kann solche Maßregeln notwendig machen, sie können unter Umständen auch in Friedenszeiten notwendig sein: man denke zum Beispiel daran, daß man in Hinsicht auf einen möglichen neuen Krieg Vorräte im Inland ansammeln oder deren Ansammlung im Ausland hindern will. Die Geltung der deutschen Einfuhr- und Ausfuhrverbote für Belgien würde sich aus der Tatsache des Eintritts in den Zollverein von selbst ergeben; im Fall eines Handelsvertrags wäre sie, da sie nicht kündbar sein darf, besonders in dem Bündnisvertrage festzulegen.

3. In beiden Fällen müßte ferner ein Satz gelten, der sich in den Handelsverträgen ohnehin vorzufinden pflegt, aber im Verhältnis zu Belgien der Möglichkeit einer Kündigung nicht unterworfen sein dürfte und deshalb jedenfalls, mag ein Handelsvertrag oder mag der Eintritt in den Zollverein gewählt werden, in den Bündnisvertrag selbst aufgenommen werden müßte, der Satz nämlich, daß die Angehörigen des Deutschen Reichs in Belgien den Inländern — abgesehen von den besonderen staatsbürgerlichen Rechten der Belgier — rechtlich völlig gleichgestellt werden: insbesondere dürfen also auch dem Geschäftsbetrieb Deutscher in Belgien rechtlich keine größeren Hindernisse entgegenstehen als dem der Belgier selbst. Die Gerechtigkeit erfordert dann freilich, dieselbe Gleichstellung auch den Belgiern in Deutschland zu gewähren; nur bleibt hierbei zu erwägen, ob nicht für die belgischen Handelsgesellschaften oder doch für gewisse Arten von ihnen, wenn sie in Deutschland Geschäfte treiben wollen, bei dem gegenwärtigen Zustande des belgischen Handelsrechts eine stärkere Staatsaufsicht erforderlich ist. Damit ist dem deutschen Kapital und dem deutschen Unternehmungsgeist in Belgien der freie Raum geschaffen, von dem oben die Rede war. Das muß genügen: der deutsche Kaufmann darf in Belgien keine besonderen Vorteile vor den Belgiern beanspruchen — sie würden sich nicht rechtfertigen lassen — und braucht sie auch gar nicht: er bedarf nur der Gleichstellung, dann wird er selbst für sein Gedeihen sorgen.

4. In beiden Fällen bleibt weiter zu erwägen, inwieweit und wie Deutschland sich einen Einfluß auf die Gestaltung der belgischen Eisenbahntarife und Fahrpläne sichern soll, um zu ver-

hindern, daß die Belgier ihre Bahnen zu wirtschaftlich feindseligen Maßnahmen gegen Deutschland benutzen.

5. Ebenso bleibt zu erwägen, ob vielleicht für die Aufnahme ausländischer Anleihen durch Belgien die Genehmigung Deutschlands erfordert werden soll.

6. Die Interessen, die Deutschlands Handel an dem Antwerpener Hafen hat, lassen sich vollkommen wahrnehmen, auch wenn Antwerpen belgisch bleibt; eine Einverleibung oder gar — wovon auch geredet worden ist — die Erhebung Antwerpens zu einer »freien Stadt« ist dazu unnötig. Aus der völligen Gleichstellung der Deutschen mit den Belgiern in bezug auf Niederlassung, Gewerbebetrieb usw. folgt, daß die Deutschen auch hinsichtlich der Gebühren, der Anlegeplätze, der Benutzung aller öffentlichen Einrichtungen nicht ungünstiger gestellt werden dürfen als die Belgier selbst. Zweckentsprechende Einrichtungen im Hafen zu treffen und ihn vorteilhaft auszubauen, liegt so sehr im eignen Interesse Belgiens, daß hier eine vertragliche Sicherung wohl entbehrlich ist.

V. Keine weiteren Beschränkungen.

1. Der Leitsatz lautete, daß die Unabhängigkeit Belgiens über das hinaus, was durch die Rücksicht auf die zukünftige Sicherung Deutschlands erfordert ist, nicht beschränkt werden solle. Das bedeutet genauer: innerhalb der Schranken militärischer, politischer und wirtschaftlicher Art, die im vorstehenden genauer bezeichnet sind, soll Belgien grundsätzlich (von noch zu erwähnenden Einzelheiten abgesehen) in allen seinen Angelegenheiten so unabhängig bleiben, wie es vor dem Kriege war. Es bleibt also unabhängig in seiner gesamten inneren Verwaltung, in Kirche und Schule, in Gerichtswesen und Finanzwesen, in Münzwesen und Verkehrswesen (insbesondere auch in Post und Telegraphie), es behält seine Gesetzgebungsmacht und kann in allen diesen Beziehungen auch seine Verhältnisse zu ausländischen Staaten frei nach seinem eignen Ermessen gestalten. Gegen diese negative Seite der gemachten Vorschläge

ist Widerspruch zu erwarten. Aber entschließen wir uns überhaupt, Belgien als selbständigen Staat bestehen zu lassen, so würde diese Zurückhaltung politisch klug sein, sie liegt in unserem eignen Interesse. Es steht hier ähnlich wie bei der Ablehnung des Vorschlags, Belgien einzuverleiben: was gegen die Einverleibung spricht, spricht zum Teil auch gegen eine weitere Beschränkung der Unabhängigkeit. Je mehr wir von weitergehenden Forderungen ablassen und das freie Selbstbestimmungsrecht des fremden Kulturvolks achten, desto günstiger können wir uns den Frieden mit England gestalten, desto leichter wird es auch sein, mit dem belgischen Staat zu einem formellen Friedensschluß zu gelangen, den wir, wie früher gesagt, wünschen müssen, desto eher werden wir auch über den Parteienstreit in Deutschland selbst wegkommen, und desto mehr endlich dürfen wir, nach den Erfahrungen aus der früheren Geschichte Belgiens, hoffen, daß das belgische Volk sich allmählich in die neuen Verhältnisse fügen lerne und schließlich ein wertvoller und williger Bestandteil unseres größeren Staatenbundes werde, woran uns doch liegen muß. Nicht Versöhnungspolitik wird damit empfohlen, sie würde nur zu Niederlagen führen, sondern weise Zurückhaltung in unserem eignen Interesse. Wenn wir die Belgier innerhalb dessen, was wir an Schranken zu unserer Selbstsicherung errichten müssen, in ihren inneren Angelegenheiten ungestört lassen, so werden wir ihnen das Gefühl nehmen oder doch mindern, eine unwürdige Knechtung zu erfahren; durch den Verzicht auf die entbehrliche Beschränkung werden wir den Widerstand gegen die notwendige Beschränkung im Lande abschwächen.

2. Weitverbreitete Strömungen drängen auf eine stärkere Beschränkung der Unabhängigkeit Belgiens. Manche begründen den Wunsch, daß Belgien auch in bezug auf die Verwaltung seiner inneren Angelegenheiten in einer gewissen Abhängigkeit von Deutschland stehen solle, mit der Berufung auf das **eigne Interesse Belgiens**. Gewiß hat die vortreffliche deutsche Verwaltung dem belgischen Lande schon jetzt vieles Wertvolle gebracht, und so tiefe Spuren sie auch zweifellos hinterlassen wird, so ist doch zu befürchten, daß nach der Wiedereinsetzung der belgischen Verwaltung vieles davon wieder zugrunde gehen oder nicht weiter entwickelt werden wird. Menschlich würden wir das mit schmerzlichem Bedauern sehen. Aber wir sind nicht dazu da, die Belgier gegen ihren Willen zu beglücken. Und darum müssen wir es uns politisch zunächst gleichgiltig sein lassen, ob Belgien seine inneren Angelegenheiten nach unserem Urteil und Geschmack gut oder schlecht besorgt. Daß es für die Deutschen, die jetzt ihre Arbeit dem belgischen Volk widmen, einen großen Reiz hat, aus der Fülle ihrer heutigen Gewalt heraus dem Lande Segen zu bringen, begreift man wohl, und ebenso, daß es ihnen schwer wird, auf die Fortsetzung zu verzichten. Aber für Deutschland ist es doch viel nützlicher, daß es diese große Mühe und Verantwortung für die Zukunft nicht auf sich nimmt, sondern sie den Belgiern selbst überläßt.

3. Andere wünschen, man möge die Gelegenheit wahrnehmen, um für gewisse Einrichtungen eine Gemeinsamkeit zwischen Deutschland und Belgien herzustellen, die **im Interesse beider Länder zugleich liege.** Man empfiehlt die Vereinheitlichung des Münzwesens (die Einführung der deutschen Markwährung und, was damit in unlöslichem Zusammenhang steht, eine einheitliche Notenbank), des bürgerlichen Rechts (schon damit die belgischen Juristen künftig in Deutschland statt in Paris studieren), der Post und Telegraphie und noch manches derart. Jedes Volk pflegt dem Nachbarvolk gegenüber solche Wünsche zu haben; sie sind wohlverständlich, und wenigstens zum Teil ist ihre Erfüllung für Deutschland zweifellos sehr erstrebenswert. Aber unentbehrlich ist sie nicht. Und man braucht hier nicht allzu eilig zu sein: das Schwergewicht der Tatsachen wird später von selbst zu weiteren Verträgen führen, durch die eine Gemeinschaft des Rechts oder der Verwaltung auch auf anderen Gebieten hergestellt wird. Die reife Frucht fällt von selbst vom Baum. Wir haben Entsprechendes ja im Deutschen Reich selbst in erfreulicher Weise erlebt.

4. Schwerwiegend ist nur der Einwand, **im eignen deutschen Interesse** sei eine weitergehende Beschränkung Belgiens notwendig: die Freiheit, die Belgien nach den hier gemachten Vorschlägen genießen solle, könne zu einer schweren Schädigung der deutschen Interessen führen, denn die Rechtsstellung, die Deutschland seiner eignen Sicherheit halber in Belgien einnehmen müsse, entbehre dann des genügenden Schutzes. Dies ist in der Tat ernstlich zu überlegen. Wäre es wirklich so, dann müßte zu einer weiteren Beschränkung der Unabhängigkeit geschritten werden.

1) Verletzungen der deutschen Interessen sind von der belgischen Bevölkerung zu befürchten: es ist zu erwarten, daß die belgische Bevölkerung sich den Deutschen gegenüber sehr feindselig stellen wird. Aber das hat mit der Freiheit des belgischen Staates nichts zu tun und würde ebenso bei einer vollständigen Einverleibung Belgiens der Fall sein. Bleibt der einzelne Belgier in seinem Verhalten gegen die Deutschen in den Schranken des Erlaubten, so müssen wir ihm die Freiheit lassen, zu handeln, wie er will, auch wenn er dadurch die Deutschen schädigt; man denke etwa daran, daß er keine geschäftliche Verbindung mit Deutschen haben will — auf die Länge wird sich derartiges von selbst ausgleichen. Tritt er aus den Schranken des Erlaubten hinaus, so müssen die belgischen Behörden einschreiten und für den Schutz der deutschen Interessen tätig werden, davon wird sogleich noch zu reden sein. Zum Beispiel würden Verabredungen der Belgier zum Schaden der Deutschen, etwa eine öffentliche Boykottierung, nicht zu dulden sein, sie würden aber, soweit sie wirklich gefährlich werden könnten, schon nach dem geltenden belgischen Recht unerlaubt sein und daher unterdrückt werden können. Auch auf eine sehr feindliche Haltung der Presse müssen wir gefaßt sein — übrigens genau so auch dann, wenn Belgien einverleibt würde. Doch wird auch hier den ärgsten Ausschreitungen bereits mit den Mitteln des geltenden Rechts begegnet werden können, so daß eine eigne Vertragsbestimmung zur Beschränkung der Preßfreiheit mindestens einstweilen entbehrt werden kann: sie würde den Belgiern als ein besonders schwerer Eingriff in ihre innere staatliche Unabhängigkeit erscheinen, und das wird besser vermieden. Sollte

sie sich später als unentbehrlich herausstellen, so müßte versucht werden, die Belgier selbst zu veranlassen, daß sie genügende gesetzliche Schutzbestimmungen schaffen. Als ernsteste Drohung steht ja doch im Hintergrunde immer das Recht Deutschlands, den Belagerungszustand zu verhängen, und dieses Recht könnte auch ausgeübt werden, wenn das Verhalten der Presse die Sicherheit Deutschlands gefährdet. Man darf erwarten, daß die Belgier den Ernst dieser Drohung begreifen.

2) Verletzungen der deutschen Interessen könnten ferner von der belgischen Staatsleitung selbst ausgehen oder von den Behörden und Organen, die von der Staatsleitung abhängig sind; man denke beispielsweise daran, daß politische Hetzereien gegen Deutschland von den Behörden geduldet oder gar angeregt werden, daß in den Schulen die belgischen Kinder zum Haß gegen Deutschland erzogen werden, ferner, daß den Deutschen, die in Belgien leben, von den Behörden Schwierigkeiten und Hindernisse in den Weg gelegt werden — mit der rechtlichen Gleichstellung der Deutschen und der Belgier ist ja noch nicht gesagt, daß die Verwaltung nicht doch tatsächlich insbesondere den deutschen Gewerbetreibenden Handel und Verkehr außerordentlich erschweren könnte.

Indes auch diese Gefahr ist nicht hoch zu veranschlagen. Jeder Vertrag muß seinem Geiste nach erfüllt werden, mit einem derartig feindseligen Verhalten würde aber die belgische Regierung dem Geiste des Bündnisses zuwiderhandeln. Es ist vielleicht von Nutzen, diese allgemeine Pflicht Belgiens, daß es die ihm verbleibende Selbständigkeit nicht gegen das Interesse Deutschlands mißbrauche, besonders einzuschärfen (siehe Artikel 1 Absatz 2 des Bündnisentwurfs). Nun hat das Deutsche Reich gemäß den hier gemachten Vorschlägen in so hohem Maße die Möglichkeit, Belgien unbequem zu werden, daß die belgischen Behörden im eignen Interesse vermeiden werden, Grund zu allzu starken Beschwerden zu geben; auch sie haben ja mit der Möglichkeit der Verhängung des Belagerungszustandes zu rechnen, die bei der tatsächlichen militärischen Machtstellung Deutschlands in Belgien alle Gefahren beschwören würde. Und auf die Länge gilt endlich noch folgendes: alle gegenseitigen völkerrechtlichen Verträge müssen von beiden Seiten treu und ihrem Geiste nach erfüllt werden. Geschieht das von der einen Seite nicht, so braucht sich auch die andere nicht mehr an den Vertrag gebunden zu halten. Wenn Belgien seine Pflichten gegen Deutschland, wie es sie nach dem Geiste dieses Bündnisvertrages hat, nicht erfüllt, wenn es unseren Interessen entgegenarbeitet, so sind auch wir nicht mehr an den Vertrag gebunden. Unsere tatsächliche Machtstellung in Belgien ist aber stark genug, um dann eine völlige Neuordnung des ganzen Verhältnisses zwischen uns und Belgien, so wie wir sie dann für uns als nützlich erachten würden, durchzusetzen.

3) Darf man von der belgischen Staatsleitung und den von ihr abhängigen Behörden erwarten, daß sie in Berücksichtigung dieser Verhältnisse Vernunft walten lassen werden, so ist das bei den belgischen Kammern nicht in gleichem Maß der Fall. Es ist vielmehr zu befürchten, daß die Redefreiheit der Parlamente (Artikel 44 der belgischen Verfassung) dazu mißbraucht werden würde, Hetzerei und Verleumdung gegen Deutschland, gegen seine äußere Politik und sein Verhalten gegenüber Belgien zu treiben und damit vor Europa Stimmung gegen Deutschland zu machen und ihm Schwierigkeiten zu bereiten. Der einzelne Abgeordnete weiß sich ja unverantwortlich, und wir kennen es aus Erfahrung, wie leicht die durch Rücksichten des allgemeinen Staatswohls gebotene Mäßigung verloren geht. Dagegen muß Deutschland geschützt werden. Der Schutz kann in sehr verschiedener Weise gestaltet werden; einen Versuch in dieser Richtung macht Artikel 22 des Bündnisentwurfs: er hebt die Redefreiheit der Abgeordneten auf, soweit es sich um Äußerungen gegen Deutschland handelt, die von einem Nichtabgeordneten ausgehend strafbar sein würden.

4) Auch noch nach einer zweiten Richtung hin ist Vorsorge zu treffen. Es gibt Behörden, die von der Staatsleitung unabhängig sind, das sind die Gerichte. Man muß darauf gefaßt sein, daß sich auch die belgischen Gerichte, namentlich die unteren, bei ihrer Tätigkeit von deutschfeindlichen Stimmungen

beeinflussen lassen. Dagegen könnte auch der beste Wille der belgischen Staatsleitung nicht schützen: sie würde mit Recht darauf hinweisen, daß sie in die richterliche Gewalt nicht eingreifen dürfe. Ein Schutz gegen diese Gefahr ist allerdings erwünscht. Er läßt sich in sehr verschiedener Weise denken. Die Schaffung gemischter Gerichte für alle Sachen, bei denen ein Deutscher beteiligt ist, würde aus vielen Gründen abzulehnen sein. Eher ließe sich vielleicht daran denken, daß ein eigner »Schutzgerichtshof« geschaffen, und daß dem Deutschen Reich das Recht gegeben würde, vor diesem Gerichtshof durch eine eigne »Reichsschutzbehörde« die Anfechtungsklage gegen jede belgische richterliche Entscheidung zu erheben, die es als aus Parteilichkeit zuungunsten eines Deutschen hervorgegangen ansieht. Doch würde eine genügende Erörterung dieses Gegenstandes ein so genaues Eingehen in rechtliche Einzelheiten nötig machen, daß sie besser hier unterbleibt, wie auch die vertragsmäßige Festsetzung der zu treffenden Einrichtungen zweckmäßig nicht in dem Bündnisvertrage selbst, sondern durch eine besondere Vereinbarung geschehen würde, auf die in dem Bündnisvertrage selbst nur hinzuweisen wäre (siehe Artikel 24 des Entwurfs).

VI. Staatsform und Königsgewalt.

1. Einer besonderen Erörterung bedarf die Frage, ob das künftige Belgien seine jetzige monarchische Staatsform beibehalten und wer Träger der Königsgewalt sein solle. Zwei Antworten bieten sich dar.

Wenn so wenig wie möglich in die inneren Verhältnisse Belgiens eingegriffen werden soll, so bleibt auch die bisherige Verfassung ungeändert bestehen. Das bedeutet vor allem die Erhaltung der Staatsform: Belgien bleibt also Monarchie, und ebenso auch die Erhaltung des jetzigen Königtums: König Albert bleibt also, sofern er nicht dem Thron entsagt, König, und seine agnatischen Nachkommen haben das Thronfolgerecht. Diese Lösung setzt allerdings voraus, daß König Albert einverstanden ist, das heißt daß er den Frieden so, wie ihn Deutschland anbietet, annimmt. Ob er das tun wird, ist zweifelhaft; unmöglich ist es nicht, daß er sich, um für sein Land Schlimmeres zu verhüten und seinem Hause die Krone zu erhalten, dazu versteht.

Verwirft man diese Lösung, so bedeutet das, daß Deutschland, sich auf das Recht des Siegers stützend, eine gewaltsame Thronentsetzung vornehmen muß. Man könnte auf den Gedanken kommen, es möge die Thronentsetzung auf die Person des Königs Albert beschränkt, hingegen seinen Söhnen das Thronrecht gelassen werden. Das würde indessen nicht angehen. Die nachher noch zu schildernden Nachteile würden damit nur teilweise vermieden werden, und andere kämen noch hinzu: der Sohn würde ja doch, solange König Albert lebt, den Thron nicht einnehmen wollen, da er sich dadurch in Widerspruch zu seinem Vater setzen würde; es müßte daher ein unabsehbares Provisorium geschaffen werden mit all den üblen Folgen, die jedes staatliche Provisorium hat. Soll also überhaupt eine Thronentsetzung eintreten, so muß sie jedenfalls das ganze Königshaus umfassen. Es ist demnach nur zwischen diesen beiden Lösungen, der Thronbelassung und der Thronentsetzung des ganzen königlichen Hauses, zu wählen.

2. Vom Standpunkt der politischen Interessen Deutschlands — sie allein sind hier, wie überall, maßgebend, nicht etwa irgendein Mitgefühl mit dem Schicksal des Königs und seines Hauses — erscheint die Lösung, das Thronrecht unangetastet zu lassen, zwar nicht als eine gute, aber doch als die bessere von beiden. Daß sie das ist, zeigt die Abwägung zwischen dem, was für und was gegen sie spricht.

Allerdings erheben sich schwere Bedenken gegen sie. Sie wurzeln in der Stellung, die König Albert in diesem Kriege gegen Deutschland eingenommen hat. Daraus erwächst die Besorgnis, daß er auch künftig dem Deutschen Reich feindlich bleiben und schädlich wirken werde. Aber zunächst ist mit jenem Vorschlag der Nichtänderung des Thronrechts noch nicht gesagt, daß König Albert auch persönlich die Regierung behalten müsse. Es spricht eine gewisse Wahrscheinlichkeit dafür, daß König Albert, wenn er überhaupt dem von Deutschland angebotenen Frieden sachlich zustimmt, doch für seine Person dem Thron entsagen wird, entweder sogleich nach dem formellen Friedensschluß oder, wenn er — was begreiflich wäre — sich nicht entschließen kann, persönlich den Frieden zu unterzeichnen, schon vorher; die belgische Verfassung spricht zwar von einer solchen Thronentsagung nicht, aber möglich ist sie trotzdem. Da der Thronfolger noch minderjährig ist, würden die beiden Kammern dann einen Regenten zu wählen haben (Artikel 80 ff. der belgischen Verfassung); Deutschland würde zweifellos in der Lage sein, dafür zu sorgen, daß eine nicht allzu unbequeme Person gewählt werde. Wie sich der später einmal zur Regierung kommende Thronfolger entwickeln wird — er ist der Sohn einer deutschen Mutter —, läßt sich noch nicht voraussehen; Deutschland kann auch in verschiedenartiger Weise versuchen, seine Entwicklung zu beeinflussen (zum Beispiel vereinbaren, daß er die Hälfte des Jahres in Deutschland, etwa am bayerischen Hof, verweilen müsse). Jedenfalls ist er nicht so schwer wie der jetzige König durch die Vergangenheit belastet und kann darum leichter als dieser ein gutes Einvernehmen mit Deutschland suchen. (Beiläufig gesagt: wenn König Albert vor dem Friedensschluß dem Thron entsagt und den Frieden doch ermöglichen will, so müßte er vorher wohl dazu mitwirken, den Artikel 84 der belgischen Verfassung zu beseitigen: hier sind Verfassungsänderungen während der Regentschaft untersagt, der Friedensschluß würde aber sachlich eine Reihe von Verfassungsänderungen in sich schließen. Auch der Wortlaut des von dem Regenten nach Artikel 83 zu leistenden Eides würde zweckmäßig abzuändern sein.) Für Deutschland wäre die Thronentsagung des Königs Alberts natürlich erwünscht, es könnte auch bei den Friedensverhandlungen auf sie hinwirken. Wenn König Albert fürchtet, daß ohne seine persönliche Thronentsagung die Friedensverhandlungen scheitern möchten, so wird er vielleicht geneigt sein, diesen Schritt freiwillig zu tun, um seinem Sohn die Krone zu retten. Aber Deutschland dürfte schließlich doch die Thronentsagung nicht zur Bedingung des Friedensschlusses machen, denn das würde ja bedeuten, daß König Albert, wenn er nicht freiwillig entsagt, gewaltsam des Thrones entsetzt werden muß, und der hier gemachte Vorschlag geht gerade dahin, die Thronentsetzung zu vermeiden.

Es soll indes nur mit dem Fall gerechnet werden, daß König Albert selbst die Regierung behält. Jene Besorgnis ist dann allerdings gerechtfertigt. Aber die Gefahr ist nicht so groß, wie sie zunächst erscheint. Möglich bleibt doch immerhin — das läßt sich nur aus einer genaueren Kenntnis der Persönlichkeit des Königs Albert beurteilen —, daß, wenn er sich einmal entschlossen hat, unter den von ihm angenommenen Friedensbedingungen König zu bleiben, er es auch für eine Pflicht der Ehre und des Gewissens halten wird, den eingegangenen Vertrag treu zu erfüllen. Auch wird, wenn der Friedensschluß nach den hier gemachten Vorschlägen erfolgt, der künftige König nicht mehr die Macht haben, allzu viel zu schaden, und im eignen Interesse des Landes, dessen Krone er trägt, wird er versuchen müssen, sich mit Deutschland gut zu stellen.

Jedenfalls aber sind die Nachteile, die aus der Deutschfeindlichkeit des Königs Albert entstehen könnten, geringer als die Nachteile, die eine gewaltsame Thronentsetzung mit sich bringen würde.

Vor allem hat Deutschland, was keiner Begründung bedarf, ein großes Interesse daran, daß der Grundsatz der Legitimität nicht ohne dringendste Not — und eine solche liegt eben nicht vor — verletzt werde. Auch würde ein König oder gar ein ganzes Königshaus »im Exil«, namentlich eines, das so viele Verbindungen mit anderen Höfen hat wie das belgische, eine stete Gefahr für Deutschland bleiben.

Sodann ist in Rechnung zu ziehen, daß die belgische Bevölkerung die Thronentsetzung als eine besonders starke Vergewaltigung empfinden und sich daher viel schwerer mit der neuen Gestaltung der Verhältnisse abfinden würde. Auch der Friedensschluß mit England würde ungünstig beeinflußt werden; denn England wird seiner eignen Ehre halber versuchen müssen, dem König Albert den Thron zu erhalten, und man würde dafür Zugeständnisse von ihm fordern können. Endlich würde, wie sofort noch gezeigt werden soll, das Zustandekommen des Friedensschlusses mit Belgien selbst gefährdet werden. Durch die gewaltsame Thronentsetzung würde man diejenige Person beseitigen, ohne deren Willen nach der belgischen Verfassung Artikel 68 ein giltiger Friedensschluß zunächst nicht zustandekommen kann. Es darf hier wohl daran erinnert werden, wie es 1871 des Fürsten Bismarck stete Sorge war, die Personen oder die Körperschaft in Frankreich zu finden, mit der ein formell giltiger Friedensschluß zustandekommen könnte.

Aus allen diesen Gründen empfiehlt es sich, an dem Thronrecht nichts zu ändern, die Krone also zunächst dem König Albert anzubieten. Will er freilich auf den Frieden unter den angebotenen Bedingungen nicht eingehen, und entsagt er auch freiwillig der Krone nicht, so bleibt für Deutschland nichts übrig, als ihn des Thrones für verlustig zu erklären; aber wir haben dann wenigstens vor uns und der Welt das gute Gewissen, das Unsrige getan zu haben.

3. Wie würden sich die Verhältnisse bei einer **Thronentsetzung** gestalten, mag diese nun geschehen, weil Deutschland den König Albert, obwohl er friedensbereit sein mag, auf dem Thron nicht dulden will, oder weil es ihn, da er die Friedensvorschläge ablehnt, auf dem Thron nicht dulden kann? Das läßt sich nicht mit Sicherheit vorher sagen.

Möglicherweise gelingt es Deutschland zu bewirken, daß, ähnlich wie es 1871 in Frankreich der Fall war, die Kammern in Belgien, trotz der Besetzung des Landes durch die Deutschen und obwohl sie nicht ordnungsmäßig durch den König einberufen werden, doch zusammentreten, und daß sie, um zu einem möglichst günstigen Frieden mit Deutschland zu kommen, die Thronentsetzung als wirksam anerkennen (daß sie selbst die Thronentsetzung aussprechen würden, ist nicht wahrscheinlich). Der Thron ist damit im Sinne des Artikels 85 der belgischen Verfassung erledigt (»vakant«). Nach der belgischen Verfassung würden die beiden Kammern dann einen Regenten zu wählen haben, und diesem würde die Aufgabe zufallen, den Frieden formell mit Deutschland zu vereinbaren, wobei sich allerdings die schon oben berührten Schwierigkeiten aus Artikel 83 und 84 der belgischen Verfassung ergeben würden. Vielleicht aber beschließen die Kammern · nach Anerkennung der Thronentsetzung sofort eine Verfassungsänderung: sie wählen keinen Regenten, sondern gehen zur republikanischen Staatsform über, und die Vertretung der Republik würde dann den Frieden mit Deutschland zu schließen haben. Deutschland hat, soviel sich sehen läßt, kein besonderes Interesse daran, einer solchen Verfassungsänderung zu widerstreben. In allen diesen Fällen kommt formell ein Friedensschluß mit Deutschland zustande, und so bleibt der Zusammenhang mit der gesetzlichen Grundlage wenigstens einigermaßen aufrecht erhalten, was für Deutschland wünschenswert ist.

Möglich ist aber auch, daß die Kammern die Thronentsetzung des Königs Albert nicht als rechtswirksam anerkennen. Dann ist zu einem formell rechtswirksamen Friedensschluß mit Belgien überhaupt nicht zu gelangen, und es bleibt für Deutschland überhaupt nur der Weg übrig, daß es von sich aus die Staatsform Belgiens festsetzt. Späterer Überlegung würde es dann überlassen bleiben zu entscheiden, ob die monarchische oder die republikanische Staatsform zu wählen wäre. Wählt Deutschland die monarchische Staatsform, so muß es von sich aus bestimmen, wer König sein soll. Dagegen spricht, daß ein gewaltsam eingesetzter König eine überaus unerfreuliche Stellung haben würde. Bequemer wäre es voraussichtlich für Deutschland, wenn es überhaupt keinen König ernennte, sondern die republikanische Staatsform einführte. In beiden Fällen würde die fortdauernde militärische Besetzung Belgiens die neueingerichtete Staatsgewalt zu sichern haben. Zu einem formellen Friedensschluß auf Grundlage des vorhandenen Rechtes kommt es, wie gesagt, in beiden Fällen nicht. Das Moment der Beunruhigung, das damit übrigbleiben würde, darf man in seiner schädlichen Einwirkung auf die weitere Entwicklung der Verhältnisse nicht unterschätzen.

4. Da die inneren Verhältnisse Belgiens grundsatzmäßig von Belgien selbst geordnet werden sollen, so kann Belgien in Zukunft auch seine Verfassung ändern, ohne daß Deutschlands Zustimmung irgendwie erfordert wäre, ebenso ist zu staatsrechtlichen Akten innerhalb der Verfassung keine Zustimmung Deutschlands erforderlich. Deutschland ist aber auch künftig unmittelbar daran interessiert, wem die Königsgewalt in Belgien zusteht, und muß auch in dieser Beziehung geschützt sein.

Daher ist vertragsmäßig folgendes auszumachen:

1) Die Staatsform darf nicht ohne Zustimmung des Deutschen Reichs geändert werden. Bleibt Belgien Königreich, so würde daher ohne die Zustimmung Deutschlands nicht zur republikanischen Staatsform übergegangen werden dürfen; sollte umgekehrt Belgien zur Republik werden, so würde es sich ohne Zustimmung Deutschlands nicht in ein Königreich verwandeln können.

2) Bei monarchischer Staatsform muß auch eine Änderung der Thronfolgeordnung nicht ohne Zustimmung Deutschlands erfolgen dürfen. Wenn insbesondere das jetzige Königshaus die Königsgewalt in Belgien behält, muß zu einer Änderung des Artikels 60 der belgischen Verfassung die Zustimmung des Deutschen Reichs erforderlich sein.

3) Die Ernennung des Thronfolgers, wenn der König keine männlichen Abkömmlinge hat (Artikel 61 ebenda), die Wahl eines Regenten (Artikel 81, 82 und 85 Satz 1) sowie der Beschluß der Kammern im Fall der Thronvakanz (Artikel 85 Satz 2) bedürfen der Zustimmung des Deutschen Reichs.

4) Nach Artikel 62 kann der König nicht zugleich Haupt eines anderen Staats ohne Zustimmung der Kammern sein: auch die Zustimmung des Deutschen Reichs muß hier erfordert werden.

Das Reich übt sein Zustimmungsrecht durch den Kaiser aus; eine Mitwirkung des Bundesrats dabei erscheint entbehrlich.

VII. Zusätzliches über Rechtsschutz.

Wünschenswert sind noch einige zusätzliche Vertragsbestimmungen, die sich auf den Rechtsschutz beziehen.

1. Belgiens äußeres staatliches Schicksal ist an das Deutschlands gekettet; jedes politische Verbrechen gegen Deutschland ist also mittelbar zugleich ein Verbrechen gegen Belgien. Daraus ergibt sich, daß Belgien ein solches Verbrechen geradeso bestrafen muß, wie wenn es unmittelbar gegen Belgien begangen wäre (vergleiche hierzu Reichsverfassung Artikel 74), das heißt: die Strafvorschriften, mit denen das belgische Recht Straftaten gegen Belgien bedroht, müssen auf gleiche Straftaten gegen Deutschland erstreckt werden; und zwar ist dabei der Vorsicht halber zu bestimmen, daß die in Belgien zur Zeit geltenden Strafbestimmungen (s. Code pénal Artikel 101 ff., 113 ff., 227, 228, 276) ohne Zustimmung Deutschlands nicht abgeschafft oder auch nur gemildert werden dürfen. Im einzelnen gehören hierher:

1) die Strafvorschriften gegen hoch- oder landesverräterische Unternehmungen: sie müssen auf Unternehmungen gegen Deutschland ausgedehnt werden;

2) die Strafvorschriften zum Schutz des belgischen Königs als solchen: sie sind ebenso auf den Deutschen Kaiser und die deutschen Bundesfürsten zu erstrecken; umgekehrt muß dann auch der König der Belgier in Deutschland den gleichen Strafschutz genießen wie ein deutscher Bundesfürst;

3) die Strafvorschriften zum Schutz der Beamten und Heeresangehörigen als solcher: sie müssen auch für die in Belgien dienstlich anwesenden deutschen Beamten und Heeresangehörigen gelten. Was die nächste Zeit betrifft, während deren die deutschen Truppen Belgien besetzt halten sollen, so greift nach dem deutschen Militärstrafgesetzbuch § 161 sogar das deutsche Recht unmittelbar Platz; aber die Vertragsbestimmung ist jedenfalls für die spätere Zeit, wenn einmal die Besetzung aufgehört haben wird, etwa zum Schutz der besichtigenden deutschen Offiziere und der deutschen Beamten, nötig, und dient während der Besetzungszeit zum Schutz einzelner Beamter, die nicht selbst als »Behörden« nach MStrGB. § 161 angesehen werden können.

2. Im gemeinsamen Interesse Deutschlands und Belgiens wird es liegen, daß die deutschen und belgischen Gerichte sich in Strafsachen gegenseitige Rechtshilfe gewähren. Das ist für beide Seiten unbedenklich. Jede Straftat bedroht letzten Endes die staatliche Sicherheit; durch ihr politisches Bündnis sind aber die beiden Staaten an ihrer Sicherheit gegenseitig interessiert. Ungerechte Strafurteile zu ungunsten eines Belgiers sind in Deutschland sicherlich nicht zu befürchten; gegen etwaige ungerechte Strafurteile der belgischen Gerichte zuungunsten eines Deutschen aber ist durch andere Maßregeln Vorkehrung zu treffen (s. oben S. 59). Eine Ausdehnung der Rechtshilfe auf die Zivilgerichtsbarkeit ist einstweilen bei der großen Verschiedenheit des materiellen Zivilrechts und der Zivilprozeßgrundsätze in den beiden Ländern nicht zu befürworten; es muß hier zurzeit bei den bescheidenen Bestimmungen des Haager Zivilprozeßabkommens bewenden: einer späteren Zukunft mögen hier die Wege frei bleiben.

3. Für die Entscheidung von reinen Rechtsstreitigkeiten zwischen dem Deutschen Reich und Belgien anläßlich des geschlossenen Vertrags oder auch anderer Verträge würde es zweckmäßig sein von vornherein ein Schiedsgericht vorzusehen. Das Schiedsgericht müßte so zusammengesetzt sein, daß seine Unparteilichkeit möglichst gewahrt erscheint; das ist aber nur der Fall, wenn seine Mitglieder ein für allemal bestimmt sind, und wenn es Männer sind, die in ihrem Amt vom Staat unabhängig, also unabsetzbar sind. Einen Vorschlag von mehreren möglichen enthält der untenstehende Entwurf; zu bemerken ist zu ihm, daß Belgien keine Verwaltungsgerichte mit unabhängigen Richtern im deutschen Sinne besitzt. —

Man überschaue rückwärts noch einmal das ganze Bild, wie es hier von der künftigen Gestalt Belgiens entworfen ist. Es wäre durchaus unrichtig zu meinen, der also dreifach zugunsten Deutschlands beschränkte künftige Staat Belgien werde doch bloß ein Schattenstaat sein, da sei es doch noch besser und einfacher, ihn einzuverleiben. Einfacher wäre das allerdings, aber besser nicht. Es wäre viel ungünstiger für Deutschland selbst wie für die Belgier und darum schwerer annehmbar auch für England, das an Belgiens Schicksal mitbeteiligt ist. Deutschland erreicht nach dem hier gemachten Vorschlag, wie gesagt, seine volle Lebenssicherung und wird doch einer Verantwortungslast frei, die es schwerlich ohne Schaden tragen könnte. Was sodann die Belgier betrifft, so darf man die große Bedeutung nicht unterschätzen, die es für ihr Selbstgefühl hat, daß ihr gesamtes inneres Leben so gut wie völlig von deutscher Einwirkung unabhängig bleibt. Seit jeher haben, wie neulich noch von einem ausgezeichneten Kenner der Geschichte Belgiens ausgeführt worden ist, die Belgier mehr auf die Autonomie im Innern, als auf die Souveränität nach außen hin Gewicht gelegt. Daß sie nicht zu dienen brauchen, werden sie nicht tragisch nehmen und als Ehrenminderung empfinden, sondern überwiegend wohl mit Freuden begrüßen; wirtschaftlich wird Belgien von dem engeren Zusammenschluß mit Deutschland eher Vorteile als Nachteile haben, und die Beschränkung in der auswärtigen Politik wird der großen Menge des Volks überhaupt nicht fühlbar sein. Es fällt doch auch ins Gewicht, daß Belgien schon vor dem Weltkrieg bei den ihm obliegenden Neutralitätspflichten und bei seiner tatsächlichen Abhängigkeit von England und Frankreich nicht in gleichem Maße wie andere Staaten eine volle politische Handlungsfreiheit und Selbständigkeit genossen hat. Belgien steht nach den hier gemachten Vorschlägen ungefähr wie ein deutscher Bundesstaat, nur daß allerdings die Vertretung im Bundesrat und das Wahlrecht zum Reichstag fehlt; als Ersatz dafür aber steht Belgien freier als ein deutscher Bundesstaat, weil die Reichsgewalt in seine inneren Angelegenheiten so gut wie gar nicht eingreifen kann. Mit England endlich wird, wenn wir Belgien die Selbständigkeit belassen, leichter zum Frieden zu kommen sein. Selbstverständlich wird es den Engländern klar sein, daß die militärische und politische Abhängigkeit Belgiens von Deutschland für sie kaum weniger gefährlich ist, als es eine Einverleibung sein würde. Aber sie könnten ohne Einbuße an Ehre eine förmliche Einverleibung nicht zugeben; bleibt hingegen Belgien ein wenn auch abhängiger, so doch selbständiger Staat, und bleibt das königliche Haus auf dem Throne, so können sie den Belgiern gegenüber viel eher sagen: dies wenigstens haben wir für euch erreicht und unser Versprechen damit in der Hauptsache erfüllt. Sie sind ja Meister darin, das Gesicht zu wahren. Daß wir bei den Verhandlungen mit England irgendeine Milderung zugunsten Belgiens in Einzelheiten nur zögernd und gegen entsprechende Einräumung von englischer Seite bewilligen werden, ist selbstverständlich.

Der folgende Vertragsentwurf soll das Gesagte zusammenfassen und noch in einigen Einzelheiten ergänzen.

VIII. Entwurf des Bündnisvertrages.

Seine Majestät der Deutsche Kaiser, König von Preußen, im Namen des Deutschen Reiches, und Seine Majestät der König der Belgier im Namen des Königreiches Belgien schließen einen immerwährenden unkündbaren Bund zur Sicherung ihrer Gebiete und zur Erhöhung der Wohlfahrt ihrer Völker, auf folgender Grundlage.

Art. 1. Das Königreich Belgien behält seine volle Selbständigkeit und Unabhängigkeit auf Grund seiner eignen Verfassung, soweit nicht die folgenden Artikel eingreifen.

Belgien wird, auch außerhalb der besonders übernommenen Pflichten, seine Unabhängigkeit so gebrauchen, daß es dem Geiste dieses Bündnisses gemäß die politischen und militärischen Interessen des Deutschen Reiches wie eigne wahrnimmt und fördert.

I. Völkerrechtliche Vertretung.

Art. 2. Belgien überträgt seine völkerrechtliche Vertretung gegenüber anderen Staaten als dem Deutschen Reiche an das Deutsche Reich, soweit es sich um Kriegserklärungen oder Friedensschlüsse, um Bündnisse oder Vereinbarungen auf den Kriegsfall, um Schiedsgerichtsabkommen oder um irgendeine sonstige Vereinbarung oder Erklärung handelt, durch welche die Rechte des

Deutschen Reiches gegenüber Belgien oder die militärischen Interessen des Deutschen Reiches berührt werden. Das Deutsche Reich übt die Vertretung durch den Kaiser aus. Der Zustimmung Belgiens bedarf es nur, wenn für Belgien etwas festgesetzt wird, was nicht auch für das Deutsche Reich gilt.

Die im Namen Belgiens vorgenommenen Rechtsakte des Deutschen Kaisers bedürfen der Zustimmung des Bundesrats und des Reichstags so weit, wie gleiche im Namen des Deutschen Reiches vorgenommene Rechtsakte ihrer bedürfen würden.

Von allen völkerrechtlichen Verträgen oder Erklärungen, die Belgien allein zu schließen oder abzugeben berechtigt ist, hat es dem Deutschen Kaiser Mitteilung zu machen. Der Vertrag oder die Erklärung hat erst dann Wirksamkeit, wenn der Deutsche Kaiser erklärt hat, daß ein Fall des Rechts zur Vertretung durch den Kaiser nicht vorliege. Im Streitfalle entscheidet das Schiedsgericht.

Art. 3. Belgien verzichtet darauf, Gesandte außer beim Deutschen Reich zu beglaubigen und außer solchen des Deutschen Reiches zu empfangen. Die Gesandten des Deutschen Reiches in anderen Staaten sind zugleich die Gesandten Belgiens.

Belgien verzichtet darauf, Konsuln außer im Deutschen Reich zu ernennen; die Konsuln des Deutschen Reiches in anderen Staaten sind zugleich die Konsuln Belgiens. Die Zulassung fremder Konsuln in Belgien erfolgt im Einvernehmen mit dem Deutschen Kaiser.

Art. 4. Belgien zahlt an das Deutsche Reich jährlich einen Teil der im Reichshaushaltsetat ausgeworfenen Kosten für die auswärtigen Angelegenheiten, soweit sie von dem Deutschen Reich auch für Belgien besorgt werden. Der Teil bestimmt sich nach dem Verhältnis der Einwohnerzahl Belgiens zu der des Deutschen Reiches.

II. Heer und Flotte.

Art. 5. Das Deutsche Reich übernimmt den Schutz Belgiens gegenüber anderen Staaten.

Art. 6. Jeder Belgier ist nach den im Deutschen Reich geltenden Bestimmungen wehrpflichtig. Über die Einführung der deutschen Militärgesetzgebung wird im übrigen besondere Vereinbarung getroffen werden.

Art. 7. Das belgische Heer steht im Frieden unter der Militärhoheit des Königs der Belgier, im Kriege, und zwar mit Beginn der vom Deutschen Kaiser anzuordnenden Mobilmachung unter dem Befehl des Deutschen Kaisers.

In bezug auf Organisation, Formation, Bewaffnung, Ausrüstung, Ausbildung und Gebühren sowie auf die Mobilmachung wird Belgien volle Übereinstimmung mit den für das Deutsche Reich bestehenden Normen herstellen. Der Deutsche Kaiser hat das Recht, sich durch Besichtigungen die Überzeugung zu verschaffen, daß diese Übereinstimmung hergestellt ist, daß die Aushebung ordnungsmäßig erfolgt und daß das belgische Heer vollzählig und kriegstüchtig ist.

Die Abänderung oder Neuanlage von Befestigungen erfolgt auf Grund jeweiliger besonderer Vereinbarungen der beiden verbündeten Staaten. Dem Deutschen Kaiser steht das Recht der Besichtigung aller Befestigungs- und sonstigen militärischen Anlagen zu.

Im Kriege sind die belgischen Truppen verpflichtet, den Befehlen des Deutschen Kaisers unbedingt Folge zu leisten. Diese Verpflichtung wird in den Fahneneid aufgenommen.

Art. 8. Heeressprache ist die deutsche Sprache.

Art. 9. Kriegsflotte der verbündeten Staaten ist die deutsche Kriegsflotte.

Die seemännische und Binnenschiffer-Bevölkerung Belgiens, einschließlich des Maschinenpersonals und der

Schiffshandwerker, ist zum Dienste in der deutschen Kriegsflotte verpflichtet; wer in die Kriegsflotte aufgenommen ist, der ist vom Dienste im Landheere befreit.

Art. 10. Die Artikel 7, 8 und 9 treten erst an einem späteren Zeitpunkt in Kraft, den der Deutsche Kaiser unter Zustimmung des Bundesrats festzusetzen hat. Bis zu diesem Zeitpunkt gelten, sofern nicht inzwischen durch neue Vereinbarung zwischen den beiden verbündeten Staaten etwas anderes festgesetzt wird, folgende Bestimmungen:

1) Belgien darf keine eigne bewaffnete Macht halten. Eine königliche Garde und eine bewaffnete belgische Polizeitruppe darf im Einverständnis mit dem Deutschen Kaiser bestehen; Artikel 7 Absatz 1 und 4 findet auf diese Truppen Anwendung.

2) Das Deutsche Reich hat das Recht, in Belgien Besatzungen zu halten, militärische Übungen zu veranstalten und Befestigungen oder sonstige für die Bedürfnisse von Heer und Flotte oder für die Verteidigung erforderliche Bauten anzulegen, und erhält zu diesem Zwecke das Enteignungsrecht nach den für den belgischen Staat geltenden Bestimmungen. Es hat ferner das Recht, alle Häfen, Verkehrswege und Verkehrseinrichtungen zu militärischen Zwecken zu benutzen. Für die Rechtsverhältnisse der deutschen militärischen Behörden und Anstalten und der einzelnen deutschen Militärpersonen in Belgien unter sich und gegenüber dem belgischen Staate nebst seinen Behörden und der Bevölkerung in Belgien ist, sofern nichts anderes vereinbart wird, die deutsche Militärgesetzgebung maßgebend. Die Geltung des belgischen bürgerlichen Rechts bleibt unberührt.

3) Die deutschen Vorschriften über die Beschränkung des Grundeigentums in der Nähe von Festungen sind auch in Belgien ungesäumt einzuführen. Belgien

hat auf Ersuchen des Deutschen Reiches auch andere deutsche Gesetze, die dem Schutze der militärischen Einrichtungen oder Interessen dienen, einzuführen.

4) Das Deutsche Reich und die deutschen militärischen Anstalten in Belgien können zu staatlichen und gemeindlichen Steuern und Abgaben aus Einkommen, Besitz oder Gewerbebetrieb nicht herangezogen werden. Die in Belgien dienstlich anwesenden deutschen Militärpersonen können zu Personalsteuern nicht herangezogen werden.

5) Belgien darf den freiwilligen Eintritt belgischer Staatsangehöriger in das deutsche Heer oder die deutsche Kriegsflotte nicht verbieten oder erschweren. Ein Belgier, der im Auslande außer in Deutschland Kriegsdienste nimmt, geht der belgischen Staatsangehörigkeit verlustig und kann sie nur mit Zustimmung des Deutschen Kaisers wiedererlangen.

6) Belgien zahlt für jeden wehrpflichtigen Belgier, der nicht auf freiwillige Meldung hin in das deutsche Heer oder die deutsche Kriegsflotte aufgenommen ist und auch nicht in einer der in Ziffer 1 bezeichneten Truppen dient, einen Betrag von Mk. .... an das Deutsche Reich.

7) Im Fall einer Mobilmachung und für ihre Dauer kann der Deutsche Kaiser die wehrpflichtigen Belgier zum Dienste im deutschen Heere und in der deutschen Kriegsflotte einziehen. Artikel 7 Absatz 4 findet dann Anwendung.

Art. 11. Belgien zahlt an das Deutsche Reich jährlich einen Teil der gesamten im Reichshaushaltsetat ausgeworfenen Kosten, die mit den Zwecken der Kriegsflotte zusammenhängen. Der Teil bestimmt sich nach dem Verhältnis der Einwohnerzahl Belgiens zu der des Deutschen Reiches.

Solange Artikel 7—9 noch nicht in Kraft getreten sind, ersetzt Belgien ferner dem Deutschen Reich jährlich einen ebenso zu berechnenden Teil der gesamten Kosten, die mit den Zwecken des Landheeres zusammenhängen. Bei der Berechnung dieser Kosten wird die Hälfte der einmaligen Ausgaben für alle dauernden militärischen Anlagen in Belgien vorher abgezogen; diese Hälfte hat Belgien dem Deutschen Reich ebenfalls zu ersetzen. Sobald Artikel 7—9 in Kraft getreten sind, ist Belgien berechtigt und verpflichtet, die von dem Deutschen Reich in Belgien gemachten dauernden Anlagen gegen Erstattung der Hälfte ihres dann zu ermittelnden Wertes, mindestens aber der Hälfte der Anlagekosten, zu übernehmen.

Art. 12. Der Deutsche Kaiser kann, wenn er die Rechte oder die militärischen Interessen des Deutschen Reiches in Belgien als bedroht erachtet, einen jeden Teil Belgiens in Kriegszustand erklären. Die Form der Verkündigung und die Wirkungen einer solchen Erklärung richten sich nach den für das Deutsche Reich geltenden Vorschriften.

III. Eisenbahnen und Kanäle.

Art. 13. Der Deutsche Kaiser ist berechtigt, sich Einsicht in den Zustand der belgischen Eisenbahnen und Wasserstraßen sowie ihrer Verwaltung zu verschaffen. Er kann verlangen, daß die Betriebseinrichtungen der belgischen Eisenbahnen in Übereinstimmung mit denen der deutschen Eisenbahnen gebracht werden.

Art. 14. Das Deutsche Reich ist berechtigt, wenn der Deutsche Kaiser das im militärischen Interesse für notwendig erachtet, kraft eines Reichsgesetzes die Verwaltung (einschließlich Ausbau und Betrieb) bestehender belgischer Eisenbahnen und Wasserstraßen auf Rechnung des Eigentümers selbst zu übernehmen.

Art. 15. Das Deutsche Reich ist berechtigt, wenn der Deutsche Kaiser das im militärischen Interesse für notwendig erachtet, kraft eines Reichsgesetzes auf belgischem Gebiete Eisenbahnen und Wasserstraßen anzulegen und bestehende zu verlegen, sofern nicht Belgien selbst sie anlegt oder verlegt.

Art. 16. Der Deutsche Kaiser ist berechtigt, mit Zustimmung des Bundesrats die Neuanlage von Eisenbahnen und Wasserstraßen in Belgien zu untersagen, wenn er sie als dem militärischen Interesse zuwiderlaufend erachtet.

IV. Zoll- und Handelswesen.

Art. 17. Belgien tritt dem deutschen Zollverein unter dem Vorbehalt von Zwischenzöllen bei. Das Nähere wird durch besondere Vereinbarung festgesetzt.

Art. 18. Die deutsche Arbeiterschutz- und Arbeiterversicherungs-Gesetzgebung wird in Belgien eingeführt.

Art. 19. Im Fall eines Krieges kann das Deutsche Reich wirtschaftliche Maßnahmen, die es für Deutschland trifft, auch für Belgien in Kraft setzen.

V. Rechtsschutz.

Art. 20. Die deutschen Reichsangehörigen, natürliche wie juristische Personen, werden in Belgien in Hinsicht auf Niederlassung, Gewerbebetrieb, Erwerbung von Grundstücken, Privatrechtsfähigkeit und Parteifähigkeit den Inländern völlig gleichgestellt. Dasselbe gilt für die belgischen Staatsangehörigen in Deutschland und seinen Schutzgebieten.

Art. 21. Jedes gegen das Deutsche Reich gerichtete Unternehmen wird in Belgien wie ein gegen den belgischen Staat gerichtetes Unternehmen bestraft.

Beleidigungen oder sonstige Angriffe gegen den Deutschen Kaiser oder deutsche Bundesfürsten werden in Belgien bestraft wie gleiche Handlungen gegen den König der Belgier. Beleidigungen oder sonstige Angriffe gegen den König der Belgier werden in Deutschland bestraft, wie wenn er ein deutscher Bundesfürst wäre.

Die in Belgien dienstlich anwesenden deutschen Beamten und Angehörigen des deutschen Heeres und der deutschen Flotte genießen dort strafrechtlich den gleichen Schutz, als wenn sie belgische Beamte wären oder dem belgischen Heer oder einer belgischen Flotte angehörten.

Die in diesen Richtungen jetzt geltenden belgischen Strafbestimmungen können ohne Zustimmung des Deutschen Kaisers nicht gemildert oder abgeschafft werden.

Art. 22. Feindselige Äußerungen gegen Deutschland in den belgischen Kammern genießen nicht den Schutz des Artikels 44 der belgischen Verfassung.

Art. 23. Die deutschen und die belgischen Gerichte sind sich einander in Strafsachen zur gegenseitigen Rechtshilfe in dem gleichen Maß wie den Gerichten des eignen Landes verpflichtet.

Art. 24. Über Einrichtungen zum Rechtsschutz der Deutschen wird besondere Vereinbarung getroffen.

VI. Schlußbestimmungen.

Art. 25. Ohne Einwilligung des Deutschen Kaisers kann der König der Belgier nicht zugleich Haupt eines anderen Staates sein.

Eine Änderung der in Artikel 60 der belgischen Verfassung festgesetzten Thronfolge, die Bestimmung des Thronfolgers durch den König im Fall des Fehlens männlicher thronberechtigter Abkömmlinge nach Artikel 61, die Wahl eines Regenten nach Artikel 81, 82 und 85 Satz 1 und die Regelung einer Thronerledigung nach Artikel 85 Satz 2 bedürfen des Einverständnisses des Deutschen Kaisers.

Art. 26. Rechtsstreitigkeiten zwischen dem Deutschen Reich und

Belgien in Anlaß dieses Vertrages oder anderer Verträge werden, sofern nicht die Zuständigkeit eines anderen Gerichts begründet ist, einem Schiedsgericht unterworfen. Das Schiedsgericht wird gebildet durch den ersten Präsidenten des deutschen Reichsgerichts, den ersten Präsidenten des preußischen Oberverwaltungsgerichts, den ersten Präsidenten des belgischen Kassationshofs, den ersten Präsidenten des Appellhofs in Brüssel, oder im Verhinderungsfalle ihre amtlichen Vertreter, und einen deutschen Bundesfürsten als Obmann. Der Obmann ist durch die vier Mitglieder zu wählen, oder, wenn eine Wahl nicht zustande kommt, durch den Deutschen Kaiser zu bestimmen.

Dritter Abschnitt.
Das zweite Mittel zur Sicherung: die Trennung der Flamen und Wallonen.
I. Der Grundgedanke.

1. Der jetzige belgische Staat ist, historisch angesehen und vom Standpunkt des Volkstums aus, eine künstliche Schöpfung. Zwei verschiedene Volksstämme, die Flamen und die Wallonen, zwischen denen mannigfache tiefe Gegensätze bestehen, sind in ihm zusammengeschweißt. Aus hier nicht zu erörternden Gründen ist das Flamentum im belgischen Staat in gewissem Maße unterdrückt, und man darf mit Sicherheit annehmen, daß, wenn Belgien nach dem Kriege ein einheitlicher Staat wie bisher bleibt, das wallonische und wallonisierte Element in Belgien, immer mehr die Oberhand gewinnen wird: Belgien wird in steigendem Maße romanisiert werden. Diese Zukunftsaussicht ist auch für Deutschland nicht gleichgiltig. Je stärker Belgien romanisiert wird, und je mehr es auch völkisch zu einer Einheit zusammenwächst, desto schwerer wird es für Deutschland sein, friedlich mit Belgien auszukommen. Es ist daher ein Gebot der Staatsklugheit, daß Deutschland, um die Gefährlichkeit

eines selbständig bleibenden, wenn auch abhängigen Belgiens zu mindern, den vorhandenen Volksgegensatz zwischen Flamen und Wallonen benutzt, und zwar in der Weise, daß es das Flamentum gegenüber dem Wallonentum kulturell und politisch stärkt. Dies wird hier als das zweite Sicherungsmittel, das Deutschland Belgien gegenüber anwenden möge, empfohlen. Zugleich erfüllt Deutschland damit aber auch eine Pflicht, die ihm aus seiner Stellung als germanische Vormacht erwächst: es gilt, das bedrohte Germanentum des flämischen Teiles von Belgien zu stärken, ja zu retten; man könnte das insofern geradezu als ein eignes weiteres Kriegsziel für Deutschland ansehen.

2. Es bleibt die Frage, in welcher Weise diese Stärkung des Flamentums erfolgen kann. Der eine Weg ist der, daß der flämische und der wallonische Teil Belgiens jeder zu einem selbständigen Staat ausgestaltet werden, und zwar derart, daß diese beiden einzelnen Staaten vom Deutschen Reich in der gleichen Weise abhängig sind, wie es nach den bisherigen Erörterungen Belgien sein sollte. Die Flamen können dann in einem Staat mit eigner flämischer Staatssprache ihrer besonderen Eigenart gemäß sich entwickeln. Daß die Sicherheit Deutschlands auf diese Weise erhöht würde, ist unzweifelhaft: zwei kleinere Staaten mit verschiedenem Volkstum, verschiedener Staatssprache, auseinandergehender Kultur sind für Deutschland viel weniger gefährlich, als ein einheitlicher Staat. Wir dürfen uns zwar nicht in der Einbildung wiegen, als ob die Flamen irgendeine Art von Hinneigung zu Deutschland empfänden — das ist, von völlig verschwindenden Ausnahmen abgesehen, durchaus nicht der Fall, jetzt noch weniger als vor dem Krieg —, oder als ob die Flamen in einem selbständig gewordenen Staat sich zu Deutschland hingezogen fühlen könnten; auch dies dürfen wir jedenfalls nicht in unsere Zukunftsrechnung stellen. Immerhin läßt sich aber mit Sicherheit annehmen, daß die Flamen in einem selbständig gewordenen flämischen Staat leichter ein leidliches Verhältnis mit Deutschland suchen und gewinnen werden, als wenn sie in staatlicher

Zusammengehörigkeit mit dem wallonischen Teil dessen französierendem Einfluß ausgesetzt bleiben. Daß die staatliche Selbständigmachung der Flamen auch dem jetzt überall gerade von unseren Gegnern verkündeten Grundsatz des »Schutzes der kleinen Nationalitäten« enspricht, darf besonders betont werden.

Aber auch den Wallonen geschieht mit dieser Trennung kein Unrecht. Sie bleiben in ihrer Volksindividualität erhalten und gewinnen politische Einheitlichkeit; in ihrem neuen Staat können sie, ebenso wie die Flamen in dem ihren, ihr kulturelles und politisches Eigenleben führen: die Rücksichten, die bisher auf das Flamentum genommen werden mußten, fallen für den rein wallonischen Teil fort. Ein Bedenken könnte freilich daraus hergenommen werden, daß dieser rein wallonische Staat dem Einfluß Frankreichs in noch höherem Maße ausgesetzt sein würde, als es Belgien bisher schon war. Allerdings werden die Wallonen in einem eignen Staat voraussichtlich mit allen ihren Neigungen an Frankreich hängen und sich mehr und mehr als ein nur politisch verselbständigtes Stück Frankreichs ansehen. Das ist richtig. Aber in der Zwangswahl, ob wir ganz Belgien dem politischen und kulturellen Einfluß Frankreichs verfallen lassen wollen oder bloß einen Teil, diesen aber in höherem Maße, ist das letztere vorzuziehen. Auch ist die darin liegende Gefahr für Deutschland deshalb nicht so groß, weil der künftige wallonische Staat ja nur klein sein würde. Im übrigen sind unsere militärischen Interessen durch das Besetzungsrecht genügend gewahrt. Auf eine innere Umwandlung der Wallonen, die sie uns näherbringen würde, können und werden wir damit ruhig verzichten und jeden vergeblichen Versuch in dieser Richtung von vornherein unterlassen. Eher könnte man bedenklich sein, ob ein Staat wie der künftige wallonische überhaupt lebensfähig sein würde: er würde wesentlich Industriestaat sein, ohne große landwirtschaftliche Erzeugung, und würde der Seeküste entbehren, daher brauchte er fremde Absatzgebiete und fremde Einfuhr- und Ausfuhrlinien. Indes hier wird alles wesentlich davon abhängen, wie in dem Friedensvertrag seine wirtschaftlichen Beziehungen zu

Deutschland und zu dem flämischen Staat gestaltet werden. Auch die Furcht endlich, daß Flamen und Wallonen, sobald sie staatlich getrennt sein würden, ihren alten Hader vergessen und sich in gemeinsamem Haß gegen Deutschland enger zusammenfinden würden, bildet keinen Gegengrund. Eine solche Entwicklung ist sehr wenig wahrscheinlich, und wenn sie überhaupt kommen kann, kann sie bei Aufrechterhaltung der staatlichen Einheit Belgiens erst recht kommen.

3. Eine andere, weitverbreitete Strömung wünscht nicht eine staatliche Trennung zwischen Flamen und Wallonen, sondern nur die mildere Verwaltungstrennung; eine solche ist in flämischen Kreisen schon vor dem Krieg häufig erwogen worden, und es läßt sich nicht verkennen, daß vieles für diesen milderen Weg spricht: eine Reihe von Schwierigkeiten, die bei der staatlichen Trennung zu überwinden sind, fallen hier fort. Indes wie man sich auch diese Verwaltungstrennung näher denken mag, jedenfalls würde immer die Volksvertretung gemeinsam bleiben müssen; damit ist aber auch das Flamentum wieder der dringendsten Gefahr der Unterdrückung ausgesetzt, denn es ist bekannt, daß auch in den rein flämischen Kreisen der politische Einfluß der französisch gesinnten Partei außerordentlich groß ist. Trennt man aber auch die Parlamente, so haben wir eben nicht eine bloße Verwaltungstrennung, sondern in Wahrheit eine staatliche Trennung.

4. Von anderer Seite werden viel härtere Maßregeln vorgeschlagen. Man hört wohl den phantastischen Plan, die Wallonen müßten sämtlich nach Frankreich ausgesiedelt und die freigewordenen Gebiete dann von Deutschen besiedelt und so in Deutschland einverleibt werden. Um jede andere Beurteilung beiseite zu lassen: schon vom reinen Nützlichkeitsstandpunkte aus ist dieser Vorschlag durchaus abzuweisen. Selbst wenn er überhaupt ausführbar wäre, so würde doch schon eines allein entscheidend gegen ihn sprechen: es wäre ein unverzeihlicher Fehler, die ermattende Volkskraft Frankreichs, das immer unser unversöhnlicher Gegner bleiben wird, durch eine derartige riesige Zufuhr neuen Blutes zu stärken. Wieder andere schlagen vor, man möge zwar Flamland zu einem selbständigen Staat machen, Wallonien aber nicht, Wallonien müsse vielmehr durch eine Zerstückelung unschädlich gemacht werden. Ein Teil könne an den flämischen Staat gegeben werden; da die Flamen dann in außerordentlicher Übermacht sein würden, könne erwartet werden, daß die ihnen angegliederten wallonischen Gebiete allmählich flamisiert würden. Ein anderer Teil (insbesondere die Provinz Lüttich) müsse der Rheinprovinz zugeschlagen werden; die Gegengründe, die einer Einverleibung Belgiens in Preußen entgegenstünden, würden bei der Einverleibung eines so kleinen Teiles derart abgeschwächt sein, daß sie keine entscheidende Kraft mehr hätten. Ein dritter Teil (die belgische Provinz Luxemburg) könne an das Großherzogtum Luxemburg gegeben werden; ja, man hat sogar davon gesprochen, es wäre nicht so übel, wenn man auch die Franzosen dadurch begütigte, daß man ihnen ein Stück Walloniens abträte — wieder der alte deutsche Erbirrtum, daß man durch Freundlichkeit den Gegner versöhnen könne —, oder daß man wenigstens dafür von ihnen ein anderes Gebiet (etwa das Briey-Becken) eintauschte: darüber ließe sich schon eher reden, aber es ist nicht zu erwarten, daß die Franzosen sich jemals freiwillig zu einer Abtretung französischen Gebietes verstehen würden. Von dieser Beteiligung Frankreichs ist daher wohl jedenfalls abzusehen. Und die Vergrößerung Luxemburgs? Würden wir nicht immer mit der Wahrscheinlichkeit rechnen müssen, daß Luxemburg, wenn es überhaupt bereit wäre, die belgische Provinz Luxemburg sich einzuverleiben, nun seinerseits ein Deutschland feindlicher, durchaus französisch gesinnter Staat werden würde? Tatsächlich würden wir also die Gefahr, der wir auf der einen Seite entgehen, auf der anderen wiederfinden. Überhaupt aber muß schon aus militärischen Gründen jeder Plan, der irgendein Stück Belgiens aus dem deutschen Einfluß völlig lösen will, mit Bedenken aufgenommen werden. Erst wenn unsere militärischen Sachkenner die Preisgabe eines bestimmten Stückes als belanglos für unsere militärische Sicherheit erklärten, dürfte dem Plan näher getreten werden. Dann aber bliebe immer noch das Bedenken übrig, daß jeder derartige Plan den Friedensschluß mit Belgien selbst und mit unseren anderen Gegnern außerordentlich erschweren würde. Auch würde sich ein derartiger Gewaltakt, ein zusammengehöriges Volk staatlich in drei oder vier Stücke zu zerreißen, gegenüber einem Volk von der Kulturhöhe des wallonischen nur rechtfertigen lassen, wenn er zur Sicherung Deutschlands unbedingt notwendig wäre, das aber ist er nicht. Die Wahl bleibt in Wahrheit nur zwischen Verwaltungstrennung und staatlicher Trennung, und hierbei ist die letztere das gründlichere und sichrere Mittel.

II. Die Durchführung der Trennung.

Die staatliche Trennung läßt sich als Abtrennung und als Spaltung denken. Als Abtrennung: der jetzige Staat Belgien würde als solcher bestehen bleiben, es würde nur ein Teil seines Gebiets, sei es nun der wallonische oder der flämische, von ihm abgetrennt und zu einem neuen eignen Staat gemacht werden. Aber jeder der beiden Volksteile wird den Anspruch darauf machen, daß, wenn eine Abtrennung geschehen solle, der andere Volksteil abgetrennt werden, er selbst aber verbleiben müsse. Um das Selbstgefühl beider Teile zu schonen, wird also die Form der »Spaltung« zu wählen sein: der bisherige Staat Belgien teilt sich in zwei neue Staaten, womit dann der alte Staat Belgien verschwindet. Voraussichtlich wird dann auch keiner der beiden neuen Staaten dem anderen den Namen »Belgien« gönnen, und so wird jeder der beiden neuen Staaten einen neuen Namen annehmen müssen; der flämische Staat könnte sich etwa »Flandern« oder (vielleicht noch besser) »Flamland« und der wallonische »Wallonien« nennen.

Die Trennung der beiden Staatsgebiete müßte möglichst entsprechend der Sprachgrenze geschehen. Bei gemischter Bevölkerung würde, da wir germanisches Volkstum nicht preisgeben dürfen, das Flamentum vorgehen. Schwierigkeiten wird die Zuteilung Brüssels machen: weder die Flamen noch die Wallonen werden darauf verzichten wollen. Es in die Trennung nicht einbegreifen, sondern in irgendeiner Weise gemeinschaftlich lassen, hieße den Vorteil der gesamten Trennung wieder aufheben. Das ist also unmöglich. Allerdings ist Brüssel, namentlich in den oberen Schichten seiner Bevölkerung, stark französiert, aber im Kern ist es doch zweifellos immer noch eine flämische Stadt, wie auch die sonstige Sprachgrenze südlich von Brüssel verläuft. Es würde daher den Flamen zu verbleiben haben; die Wallonen könnten dann etwa Lüttich zur Hauptstadt machen.

Die Staatsschuld Belgiens müßte zwischen den beiden neuen Staaten, dem flämischen und dem wallonischen, nach einem noch näher zu bestimmenden Maßstab geteilt werden, obenso das Aktivvermögen des Staates. Als Staatsschuld würde (abgesehen von der Verpflichtung zur Zahlung der Kriegsentschädigung) eine Schuld, die von der alten belgischen Regierung noch nach der deutschen Besetzung eingegangen wäre, nicht anzuerkennen sein, auch wenn Belgien als einheitlicher Staat erhalten bleibt; daher würde eine solche Schuld auch auf die beiden neuen Staaten nicht übergehen.

In dem flämischen Staat wäre Flämisch als Staatssprache einzuführen. Es würde auch wünschenswert sein, bei der Schaffung des neuen flämischen Staates besondere Vorkehrungen dagegen zu treffen, daß die politische Herrschaft nicht zunächst vorwiegend bei den französisch gesinnten Kreisen bleibt, eine Gefahr, die nach den vorhandenen tatsächlichen Verhältnissen dringend ist.

Im übrigen müßte der bisherige Rechtszustand soviel wie irgend möglich unverändert bleiben. Je weniger an dem Bestehenden geändert wird, desto geringer werden auf allen Seiten die Widerstände gegen die Trennung, desto leichter wird die Eingewöhnung in die neuen Verhältnisse sein. Es sollen eben nur statt des bisherigen einen Staats künftig zwei dasein. Jeder dieser beiden neuen Staaten würde die bisherige Verfassung und die Gesetze in allem Wesentlichen behalten, wie sie heute sind; beide Staaten hätten also zunächst gleiches Recht, nur könnte in Zukunft jeder von ihnen sein Recht selbständig weiterentwickeln.

Alle hier gemachten Vorschläge sollen, wie früher gesagt, möglichst in der Art verwirklicht werden, daß ein rechtswirksamer Friedensschluß mit Belgien zustande kommt. Gelingt das nicht, muß Deutschland vielmehr die gesamte Neuordnung durch einen Zwangsakt von sich aus einseitig vornehmen, so müßte es dabei auch unter Vernichtung des bisherigen Königreichs Belgien die beiden neuen Staaten schaffen. Erfolgt hingegen ein Friedensschluß, so heißt das zugleich, daß der belgische Staat mit der Spaltung in zwei Staaten einverstanden ist: er selbst würde diese Spaltung dann durch einen staatsrechtlich wirksamen Akt vorzunehmen haben. Dabei ist formell genommen eine dreifache Möglichkeit gegeben, wie dieser staatsrechtliche Akt des belgischen Staates mit dem Friedensvertrag in Verbindung gesetzt werden kann. Entweder wird der formelle Friedensschluß von der Bedingung abhängig gemacht, daß das jetzige Königreich Belgien vorher diesen Akt vornimmt; der Friedensschluß erfolgt dann nicht mit dem Königreich Belgien, sondern mit den beiden vorher neu geschaffenen Staaten. Oder die Trennung und Neuschaffung der beiden Staaten geschieht durch den Friedensschluß selbst, indem Belgien die Trennung in dem Friedensvertrag als hiermit geschehend ausspricht; sie wird dann dadurch wirksam, daß der Friedensvertrag von der belgischen Volksvertretung gutgeheißen wird. Oder endlich Belgien übernimmt in dem Friedensschluß die Verpflichtung, den Akt nachher herbeizuführen. Alle drei Wege führen zum gleichen Ziel; der letzte erscheint aus mancherlei Gründen als der gangbarste: er wird hier für den Fall, daß überhaupt ein Friedensschluß mit Belgien zustande kommt, als gewählt angenommen. Der Friedensschluß erfolgt dann formell mit dem jetzigen Königreich Belgien. Dieses übernimmt damit die Verpflichtung, die Trennung binnen bestimmter Frist in der in dem Vertrage vorher vorgeschriebenen Weise herbeizuführen. Bis zur Ausführung dieser Verpflichtung bleibt Belgien in der jetzigen Weise militärisch von Deutschland besetzt und verwaltet.

Da die beiden neuen Staaten völkerrechtlich die Rechtsnachfolger des alten belgischen Staates sind, so ist auch ihre völkerrechtliche Lage die gleiche, wie die Belgiens war. Insbesondere stehen die beiden Staaten zum Deutschen Reich völkerrechtlich so, wie das der Bündnisvertrag mit Belgien für das Verhältnis zwischen dem Deutschen Reich und Belgien ausgemacht hat. Der Sicherheit halber könnte übrigens in dem Friedensvertrag ausdrücklich gesagt werden, daß bei Schaffung der neuen Staaten ihr völkerrechtliches Verhältnis zum Deutschen Reich dem Bündnisvertrage entsprechend gestaltet werden müsse. Im einzelnen würden die Bestimmungen des Bündnisvertrages formell so geändert werden müssen, daß sie nun auf jeden der beiden neuen kleineren Staaten passen. Eine Änderung würde insbesondere Artikel 26 des Bündnisvertrages erfordern, weil jeder Staat seinen eignen Kassationshof und seine eignen Appellhöfe haben würde. Ausdrücklich zu bemerken wäre auch, daß die beiden Staaten hinsichtlich des Gesandtschaftsrechts zueinander genau so wie zu fremden Staaten stehen, das heißt sie würden auch untereinander keine Gesandten beglaubigen und empfangen dürfen. Sachlich würde der Bündnisvertrag ungeändert bleiben. Erwägen ließe sich nur, ob nicht vielleicht in wirtschaftlicher Hinsicht die beiden Staaten verschieden zu behandeln wären, da sie wirtschaftlich allerdings sehr verschieden voneinander sind. Das würde dann im Friedensvertrage bereits ausgemacht werden müssen.

Sind die beiden Staaten einmal geschaffen, so kann in Zukunft, wie sie im Inneren getrennte Wege gehen können, so auch das völkerrechtliche Verhältnis eines jeden von ihnen zu Deutschland selbständig weiterentwickelt werden. Das bezieht sich insbesondere auch auf die militärischen Dinge. Alles hängt hier von der Art ab, wie sich die beiden neuen Staaten und ihre Bevölkerung mit der neuen Ordnung abfinden, wie sie sich zu Deutschland stellen werden. Das wird voraussichtlich in den beiden Ländern nicht gleichmäßig sein: wir dürfen für wahrscheinlich halten, daß die Entwicklung in Flandern sich rascher in dem von uns gewünschten Sinne vollziehen wird als in Wallonien. Darum können auch in bezug auf die militärischen Verhältnisse in Flandern vielleicht früher als in Wallonien Erleichterungen gewährt werden, und sobald die Flamen begriffen haben, daß sie ihr Heil nur in einer vorbehaltlosen, auch innerlichen Anlehnung an das Deutsche Reich finden können, wird Deutschland die Besetzung ihres Landes endigen lassen und ihnen das Recht des eignen Heeres (Artikel 7—9 des Entwurfs) zugestehen können, auch wenn Wallonien dazu noch nicht reif sein sollte.

III. Staatsform und Königsgewalt.

Aber wo bleibt hierbei das jetzige belgische Königshaus? Es war ja gesagt worden, daß die Thronentsetzung möglichst vermieden werden soll. Nun kommt ein Friede unter Erhaltung des jetzigen Königshauses nach den früher gemachten Vorschlägen nur zustande, wenn der König Albert mit den von Deutschland angebotenen Friedensbedingungen einverstanden ist. Das würde also bedeuten, daß er auch der Trennung in zwei Staaten zustimmt. Und was soll dann mit ihm und seinem Hause geschehen?

Die Antwort liegt nahe. Soll die belgische Verfassung im wesentlichen unverändert auf die beiden neuen Staaten übergehen, so werden beide neuen Staaten Königreiche, genau so, wie es Belgien selbst bis dahin war; es spaltet sich also die Königsgewalt geradeso wie der Staat selbst, und die Bestimmung des Artikels 60 der belgischen Verfassung, wonach die agnatischen Abkömmlinge des Königs Leopold I. zur Thronfolge berufen sind, geht ungeändert auf die beiden neuen Königreiche über. Dem bisherigen Träger der belgischen Königsgewalt stehen also auch die Kronen der beiden neuen Staaten zu, er würde nicht mehr wie bisher den Titel »König der Belgier«, sondern die beiden Titel »König von Flamland« und »König der Wallonen« führen. Die beiden Königreiche würden trotzdem völlig voneinander getrennt bleiben, es würde keinerlei »Realunion« zwischen ihnen bestehen. Nur die — in diesem Sinne geschichtlich zufällige — Tatsache, daß in jedem der beiden Königreiche und unabhängig voneinander ein Verfassungsrechtssatz besteht, der dieselbe Person zur Königsgewalt beruft, würde die Vereinigung der beiden Königsgewalten zuwege bringen, es läge also eine reine Personalunion vor; in der Folge könnte ja sehr wohl, etwa dadurch, daß der König in dem einen Staat dem Thron entsagt, in dem anderen ihn beibehält, die Personalunion wieder gelöst werden. Um die vollkommene sachliche Trennung der beiden Königreiche zu sichern, müßte nur die neue, ohne Deutschlands Willen nicht abänderbare Verfassungsbestimmung hinzukommen müssen, daß außer den Hofbeamten und persönlichen Gehilfen des Königs kein Beamter irgendeiner Art gleichzeitig im Dienste beider Staaten stehen dürfte. Denn sonst würde die für Deutschland vorteilhafte Trennung der beiden Staaten tatsächlich zum guten Teil wieder wirkungslos gemacht werden können. Ob König Albert freilich dazu zu bringen ist, daß er nicht nur der Abhängigmachung, sondern auch der Zerreißung Belgiens zustimmt, das ist sehr zweifelhaft. Wenn er nur in einem Teil des bisherigen Belgiens weiterherrschen sollte, also nur in einem der beiden neuen Staaten, so würde er höchstwahrscheinlich dem Frieden nicht zustimmen. Der soeben gemachte Vorschlag einer Personalunion soll gerade dazu dienen, ihm die Zustimmung zu erleichtern.

Wie früher gesagt, darf übrigens nach der belgischen Verfassung der König nur mit Genehmigung der belgischen Kammern König eines anderen Landes sein, und nach den gemachten Vorschlägen (Artikel 25) ist auch die Zustimmung Deutschlands dazu erforderlich. Ist der König also bereit, in die Spaltung Belgiens zu willigen, so müßte in dem Friedensvertrage doch wohl zu klarem Ausdruck gebracht werden, daß, indem dieser Vertrag die Trennung Belgiens in zwei Staaten vorsieht, damit sowohl die nötige Zustimmung der künftigen flamländischen und wallonischen Kammern als auch die des Deutschen Reiches als ein für allemal und unwiderruflich erteilt gilt, die Zustimmung nämlich dazu, daß der künftige König von Flamland auch König der Wallonen sein darf und umgekehrt; dies gilt freilich nur so lange, wie König Albert selbst oder einer seiner thronfolgeberechtigten männlichen Abkömmlinge den Thron innehat.

Wenn aber der König Albert der Trennung in zwei Staaten nicht zustimmt, dann kommt es zur Thronentsetzung. Deutschland hat dann kein Interesse mehr daran, daß die beiden Staaten gerade monarchisch regierte Staaten (Königreiche oder Herzogtümer) bleiben, er würde auch der Einrichtung von Republiken zustimmen können, ja, die republikanische Staatsform würde sogar gewisse Vorteile für Deutschland haben, Vorteile, die nicht groß genug sind, um deshalb die Thronentsetzung des Königs Albert anzustreben, die aber doch, wenn die Thronentsetzung aus anderen Gründen erfolgen muß, bei der damit notwendig werdenden Neugestaltung mit ins Gewicht fallen. Jedenfalls würde die Staatsform der beiden neuen Staaten nur auf Grund eines Einverständnisses zwischen dem Deutschen Reich und den Kammern dieser neuen Staaten bestimmt werden können; auch würde nichts im Wege stehen, dem einen Staat eine andere Staatsform zu geben als dem anderen. Sollte es zu einer Wahl des Herrschers in einem der beiden neuen Staaten oder gar in beiden kommen, so würde sich Deutschland ein Einspruchsrecht gegen mißliebige Wahl vorbehalten müssen; von einer Personalunion dürfte dann in bezug auf die beiden Staaten keine Rede mehr sein.

Dritter Teil.
Das Kriegsziel der Schadloshaltung.
I. Einzelne Ersatzleistungen.

Jedenfalls hat Belgien Schadenersatz wegen der völkerrechtswidrigen Gewalttätigkeiten zu leisten, die den Deutschen in Belgien bei Ausbruch des Krieges zugefügt sind, nach den in der deutschen Juristenzeitung vom 1. Januar 1915 von mir dargelegten Grundsätzen.

Auch für die Tötung und Verletzung deutscher Soldaten ist der belgische Staat zum Schadenersatz verpflichtet, soweit ihm völkerrechtswidrige Führung des Krieges zur Last fällt, oder soweit belgische Soldaten Völkerrechtswidrigkeiten begangen haben, oder soweit der belgische Staat die völkerrechtswidrige Beteiligung der Bevölkerung an den Feindseligkeiten geduldet oder gar gefördert hat (vergleiche Artikel 3 des Haager Landkriegsordnungsabkommens).

Belgien hat ferner Ersatz zu leisten für die Ausgaben und Aufwendungen, die das Deutsche Reich zugunsten Belgiens während der Besetzungszeit behufs ordnungsmäßiger Verwaltung gemacht hat, sofern diese Kosten nicht durch die Steuern oder durch sonstige aus Belgien gewonnene Einnahmen gedeckt sind.

Die Verpflichtung zu allen diesen Ersatzleistungen geht schon aus dem geltenden Völkerrecht hervor; wird sie im Friedensvertrag ausgesprochen, so wird sie dadurch nicht begründet, sondern nur anerkannt. Mit dem Ausgang des Krieges steht sie nur in tatsächlichem, nicht in rechtlichem Zusammenhang: rein rechtlich betrachtet würde sie dem belgischen Staat obliegen, auch wenn er Sieger wäre. Ja sie würde, auch wenn kein Krieg dagewesen wäre, entstanden sein, soweit solche Schädigungen überhaupt ohne Krieg möglich gewesen wären.

Aber das sind verhältnismäßig nur Kleinigkeiten, die unter dem höheren Gesichtspunkt der Kriegsentschädigung im eigentlichen Sinne des Wortes verschwinden.

II. Kriegsentschädigung im engeren Sinne.

Für die Kriegsentschädigung im engeren Sinne sind vier Gedanken entscheidend. Sie betreffen ihre Rechtfertigung, ihr Maß, die Art der Haftung auf sie und die Form ihrer Leistung.

1. Ob eine Kriegsentschädigung geleistet werden soll, das ist keine Frage des Rechts, sondern eine Machtfrage: der Sieger legt die Pflicht dazu dem Besiegten auf. Man hört wohl das Bedenken äußern, es widerstreite der Gerechtigkeit, von Belgien eine Kriegsentschädigung zu verlangen, da Belgien ja doch berechtigt gewesen sei, seine Neutralität zu verteidigen. Dieses Bedenken ist unbegründet. Denn es handelt sich bei der Kriegsentschädigung weder um eine Schadenersatzfolge aus völkerrechtswidrigem schuldhaftem Verhalten, noch um die Bestrafung eines solchen. Nicht aus einem Verschulden des besiegten Gegners empfängt sie ihre Rechtfertigung, sondern ausschließlich aus der Tatsache, daß der Sieger für seinen Sieg hat Opfer bringen müssen: der Sieger darf sich schadlos halten, das hat man immer als gerecht empfunden. Darum war schon anfänglich als ein bei dem künftigen Friedensschluß zu erstrebendes Ziel, über das kein Streit herrschen sollte, die Schadloshaltung Deutschlands bezeichnet worden, und das gilt auch Belgien gegenüber. Selbst wenn man übrigens jenen Schuldgedanken zugrunde legen wollte, würde doch zu sagen sein, daß auch Belgien in Schuld gewesen ist, denn es hat schon vor dem Kriege den Verpflichtungen der ihm garantierten Neutralität zuwidergehandelt und dadurch den Anspruch auf Schutz der Neutralität verwirkt.

2. Hieraus ergibt sich für das Maß der Kriegsentschädigung: gerechtfertigt ist sie, soweit sie eben Entschädigung ist, den Schaden des Siegers wettmacht, nicht hingegen soll sie ihm

darüber hinaus einen Vermögensgewinn bringen: es würde der Ehre und Würde eines modernen Staates widersprechen, wollte er nach dem Siege den Krieg rückwärts wie einen Raubzug behandeln. Auch Deutschland darf und wird das nie tun. Zudem ist schon der reine Vermögensschade, den Deutschland durch den Krieg erlitten hat, so hoch, daß ein vollständiger Ersatz wohl außer dem Bereich der Möglichkeit liegt. In erster Linie sind in Rechnung zu stellen die unmittelbaren Kosten der Kriegführung, der Verbrauch und Verlust des vorhanden gewesenen Kriegsmaterials einschließlich der Kriegsschiffe, die Verwüstungen deutschen Landes, die kapitalisierten Ausgaben für Unterstützungen, Renten, Pensionen der Kriegsbeschädigten und Kriegshinterbliebenen, der Verlust an Handelsschiffen und Handelsgütern auf See und vieles andere. Schon das ergibt eine ungeheure Summe. Wollte man noch den Schaden hinzunehmen, der durch die Unterbrechung des Handels und durch die Ausschaltung von vielen Millionen arbeitsfähiger Menschen aus der Erwerbsarbeit während des Krieges für unser gesamtes wirtschaftliches Leben entstanden ist, und gar noch den wirtschaftlichen Schaden bewerten, der durch den Tod so vieler deutschen Männer für die künftige wirtschaftliche Arbeit eintritt, so würde man zu unfaßbaren Ziffern gelangen. Deutschland mag so viel fordern, wie es will: das wird immer noch hinter dem wirklichen Schaden zurückbleiben. Jedenfalls ist es auch vom strengsten ethischen Standpunkt aus berechtigt, wenn Deutschland von seinen Feinden so viel an Entschädigung zu erlangen versucht, daß wir nach dem Kriege nicht wirtschaftlich zerrüttet zurückbleiben, sondern in die Lage gesetzt sind, durch einen neuen Aufschwung die verbleibenden Schäden in Zukunft wieder gut zu machen. Andererseits verbieten es uns die ethischen Anschauungen, die wir als Kulturvolk haben, von Belgien so viel zu nehmen, daß die Bevölkerung wirklich verarmt und — nach Mustern alter Zeit — tatsächlich zu einer uns zinspflichtigen Masse herabgedrückt wird. Das würde übrigens bei dem engen Verhältnis, in das Belgien zu Deutschland treten soll, auch unsere eignen Interessen schädigen.

3. Da die feindlichen Staaten den Krieg gegen uns gemeinschaftlich geführt haben, so entspricht es auch der Gerechtigkeit, daß Deutschland die zu leistende Kriegsentschädigung von ihnen gemeinsam fordert, und zwar derart, daß, was von dem einen nicht zu erlangen ist, der andere leisten muß. Der Kapitalkräftigere muß für den Schwächeren eintreten. Die Analogie der gesamtschuldnerischen Haftung des bürgerlichen Rechts trifft hier vollkommen zu. Das ist nicht in dem Sinne gemeint, es müsse angestrebt werden, daß in den Friedensverträgen mit den einzelnen Mächten jede Macht die Verpflichtung zur Leistung der gesamten Kriegsentschädigung gesamtschuldnerisch übernehme. Vielmehr wird voraussichtlich eine Teilung in den Verträgen stattfinden, derart, daß jeder Staat nur einen bestimmten Teil der Kriegsentschädigung zu leisten übernimmt. Aber bei der Bestimmung dieser Teile ist die Tatsache entscheidend, daß die Gegner im Verhältnis zu uns eine Einheit bilden, und daß darum die Friedensbedingungen gegenüber dem einen und dem anderen Gegner in sachlicher Abhängigkeit voneinander stehen: was der eine Staat zu leisten nicht übernimmt, müssen wir von dem anderen fordern. Das gilt insbesondere auch für England und Belgien: für das, was wir an Entschädigung von England nicht bekommen können, müssen wir uns an den Staat halten, den wir tatsächlich beherrschen, an Belgien. Will England, wie es seine moralische Verpflichtung ist, Belgiens künftige Lage erleichtern, so muß es selbst sich zur Zahlung einer Kriegsentschädigung bequemen.

4. Die zu fordernde Entschädigung ist so groß, daß sie kaum in Geldkapital geleistet werden kann. Die Festsetzung von Teilzahlungen über sehr lange Zeiträume hin muß ebenso abgelehnt werden wie die Auferlegung einer Rentenzahlung. Beides würde Belgien als einen tributpflichtigen Staat erscheinen lassen: eine solche Art der Abhängigkeit einem fremden Staat aufzuerlegen, würde den heutigen Kulturanschauungen widersprechen. Fruchtbar ist der in letzter Zeit öfter erörterte Gedanke, daß der fremde Staat die Kriegsentschädigung durch die Hingabe von vermögenswerten Gütern anderer Art als Geld, insbesondere durch die

Einräumung des Privateigentums an Land, Wertpapieren, Eisenbahnlinien usw. an den fordernden Staat entrichten kann. Da nach völkerrechtlichen Grundsätzen, über die sich Deutschland selbstverständlich nicht hinwegsetzen kann, der siegreiche Staat das Privateigentum der einzelnen nicht angreifen darf, würde sich der entschädigungspflichtige Staat diese Güter in seinem Lande vorher durch Enteignung verschaffen müssen. Doch kann das Nähere hierüber hier nicht erörtert werden.

III. Das Kongogebiet.

Im Zusammenhang mit den angestellten Erörterungen steht die Frage, was mit dem belgischen Kongolande zu geschehen hat. Die schweren Bedenken, die einem Kulturvolk gegenüber gegen eine Einverleibung durch Gewalt sprechen, bestehen in bezug auf das Kongoland jedenfalls nicht. Dieses Gebiet ist nicht belgisches Staatsgebiet in dem Sinne, daß es die Wesenheit des belgischen Staats mit ausmachte, es ist nicht Bestandteil, sondern Besitz des belgischen Staats, es ist nicht ein Teil des Subjekts, sondern reines Objekt. Da das Kongoland in keiner Weise Siedlungskolonie ist, so ist es auch für das belgische Volk nicht im mindesten Maß Heimat geworden; Heimat ist es nur für die Eingeborenen, für diese aber würde die Erklärung des Kongo zum deutschen Schutzgebiet nur eine Fortdauer der Fremdherrschaft mit geändertem Machthaber bedeuten, und diese Änderung würde ihnen gleichgiltig oder gar willkommen sein; auch objektiv würde sie ihre Lage nur verbessern. Die Abtretung des Kongogebiets würde schließlich auf gleicher Stufe mit der Abtretung von bloßem Vermögensbesitz stehen.

Daß die Abtretung des Kongo für Deutschland große Vorteile hätte, steht außer Zweifel. Deutschland würde damit — vorausgesetzt, daß es seine alten afrikanischen Kolonien zurückbekommt — endlich ein großes geschlossenes von Meer zu Meer reichendes Kolonialreich erhalten, dessen Beherrschung und Nutzbarmachung in einheitlichem Sinne möglich wäre. Unser ostafrikanischer Besitz ebenso wie der von Kamerun würde dadurch in ganz anderer Weise als bisher gesichert und verwertbar sein. Unter deutscher Verwaltung würde es möglich sein, den jetzt so bedeutenden englischen Einfluß im Kongoland zu dämmen. Bleibt das Kongoland in belgischem Besitz und belgischer Verwaltung, so würden alle diese Vorteile voraussichtlich nicht oder nur in sehr beschränktem Maß erreichbar sein. Man darf deshalb sagen: die Abtretung des Kongo ist zwar nicht eine Lebensnotwendigkeit für Deutschland, aber sie ist sehr wünschenswert. Nun ist er noch nicht in unserem tatsächlichen Besitz, und nicht nur Belgiens sondern auch Englands Interesse ist es, ihn nicht in unseren Besitz kommen zu lassen. Bei den Friedensverhandlungen würden wir also für seine Abtretung Gegenvorteile einzuräumen haben. Es ist heute noch nicht abzusehen, wie wertvoll diese sein müßten: danach wird dereinst die Entscheidung zu treffen sein. Vielleicht ist es möglich, wie das ja auch sonst schon bei Erwerbung von überseeischem Besitz geschehen ist, die Abtretung der Staatshoheit über das Kongogebiet ihrem Wert nach in Geld zu veranschlagen und diesen Wert auf die von Belgien zu zahlende Kriegsentschädigung anzurechnen.

Printed by Libri Plureos GmbH
in Hamburg, Germany